Don Flávio Santiago

Sviluppo umano-spirituale

Don Flávio Santiago

Sviluppo umano-spirituale

Le crisi umano-spirituale come opportunità di crescita, alla luce del pensiero di San Giovanni della Croce

Edizioni Sant'Antonio

Imprint

Cover image: www.ingimage.com

Publisher:
Edizioni Accademiche Italiane
is a trademark of
International Book Market Service Ltd., member of OmniScriptum Publishing Group
17 Meldrum Street, Beau Bassin 71504, Mauritius

Printed at: see last page
ISBN: 978-613-8-39336-8

TERESIANUM
PONTIFICIA FACOLTÀ TEOLOGICA
PONTIFICIO ISTITUTO DI SPIRITUALITÀ

Flávio de Sousa Santiago

LE CRISI UMANO-SPIRITUALI, COME MOMENTO DI CRESCITA, ALLA LUCE DELLA «SALITA» DE SAN GIOVANNI DELLA CROCE

Dissertazione di Licenza in Teologia
con specializzazione in Teologia Spirituale

Roma 2019

TERESIANUM
PONTIFICIA FACOLTÀ TEOLOGICA
PONTIFICIO ISTITUTO DI SPIRITUALITÀ

Flávio de Sousa Santiago

LE CRISI UMANO-SPIRITUALI, COME MOMENTO DI CRESCITA, ALLA LUCE DELLA «SALITA» DE SAN GIOVANNI DELLA CROCE

Dissertazione di Licenza in Teologia
con specializzazione in Teologia Spirituale

Studente
Flávio de Sousa Santiago

Matr.: 3201

Moderatore
Prof. Bruno Moricone

Roma 2019

SIGLE E ABBREVIAZIONI

Opere di San Giovanni della Croce

Salita del Monte Carmelo	*Salita*
Notte Oscura	*Notte*

Concilio Vaticano II

- *Gaudium et Spes* *G.S*
- *Lumen Gentium* *L.G*

Papa Francesco

Lettera Enciclica *Lumen Fidei*	*L.F*
Esortazione apostolica *Gaudete et Exsultate*	*G.E*
Esortazione apostolica *Evangelii Gaudium*	*E.G*

Altre abbreviazioni

San Giovanni della Croce	*S.G.C*

INTRODUZIONE

L'apostolo Paolo riflettendo sull' uomo e sulla vita dell'uomo in Cristo, ricorda ai cristiani di Corinto che l'individuo umano è pervaso da una doppia tensione: quella dell'«uomo interiore» = ὁ ἔσω ἄνθρωπος», che ininterrottamente si rinnova, quella dell'«uomo esteriore» = ὁ ἔξω ἄνθρωπος», che continuamente si disfà [Cf. 2Cor 4, 16]. Conferma l'osservazione paolina la vita d'ogni giorno: è vero che, pian piano e man mano che passano gli anni, sentiamo la pesantezza del tempo; è innegabile che il nostro uomo esteriore si disfà poco alla volta; perché è soggetto al tempo e il tempo lo corrode: non c'è santo che possa trattenerlo! Ma in noi c'è anche l'uomo interiore, cioè quella identità personale che nasce dall'amore di Dio per noi in Gesù Cristo e che gradualmente raggiungiamo quando ci mettiamo sulle orme del Figlio di Dio.

L'intuizione paolina porta a galla il fatto che la maturazione biologica e quella spirituale coesistono e si intessono nel sinolo della creatura umana. Stupisce comunque il fatto che tale operazione non sempre accade in modo armonico: infatti sia nell'ambito umano sia in quello spirituale si verificano situazione che turbano e talvolta arrestano lo sviluppo umano e spirituale dell'individuo. In questo lavoro vogliamo capire quali sono e come funzionano i dinamismi che interagiscono nella configurazione umano-spirituale del credente che si trova nella fase adulta della vita; vogliamo inoltre comprendere perché succedono le crisi e infine intendiamo delineare un itinerario pastorale che conduca l'uomo a superare tali crisi ed anche a riacquistare l'immagine di figlio di Dio in Cristo. L'approfondimento dalle menzionate questioni sarà fatto con l'aiuto della Sacra Scrittura, del pensiero del teologo metodista James Fowler, dell'insegnamento del mistico spagnolo San Giovanni della Croce e delle intuizioni pastorali di Papa Francesco. La riflessione è scandita in tre momenti che ci accingiamo a descriverle.

Inizialmente si prende *l'individuo adulto come asse della riflessione e per* capirlo approfondiremo il concetto di sviluppo umano e pure di alcuni parametri che si manifestano in esso: alterità, temporalità, circostanzialità. Ci soffermeremo anche sulla *teoria stadiale della fede*, elaborata dal teologo metodista James W. Fowler, in cui troviamo la conferma che la fede, intesa come valore che spinge l'uomo verso il trascendente, si espande e si consolida in concomitanza con i processi biologici e psicologici, che determinano l'esistenza d'ogni individuo umano.

Si prosegue mettendoci sull'orme del mistico spagnolo San Giovanni della Croce e dei suoi scritti, in particolare l'opera *Salita del Monte Carmelo, dove* troviamo l'identificazione ed anche la descrizione degli elementi di ordine umano e spirituale che intralciano il processo di maturazione in Dio, generando le crisi. Eliminarli, tramite il processo di purificazione dei sensi, degli appetiti e dell'io profondo, è il compito della persona adulta che vuole mantenere lo slancio per adattarsi al Divino [Cf. 3S 36,3], mentre vive la *sequela Christi.*

Alla fine, e sulla stregua di Papa Francesco si abbozza, in chiave pedagogica ma con un accento pastorale, una proposta di vita cristiana che, radicata nella Parola di Dio, particolarmente nel programma di vita tratteggiato da Gesù nelle Beatitudine Evangeliche [Cf. Mt 5, 1-12], conduca il cristiano adulto a tradurre, con la propria vita e nel suo quotidiano, l'invito che proprio Cristo rivolge a tutti nel cosiddetto Discorso della Montagna: «Siate voi dunque perfetti come è perfetto il Padre vostro celeste = ἔσεσθε οὖν ὑμεῖς τέλειοι ὡς ὁ πατὴρ ὑμῶν ὁ οὐράνιος τέλειός ἐστιν» [Cf. Mt 5, 48].

Il percorso che abbiamo tratteggiato tenderà a mostrare che la fede è impastata dall'umano giacché essa si incrocia con le vicende vissute dall'uomo, dalla nascita fino alla fine della vita. Comunque, per noi cattolici la fede segna anche l'inizio della vita cristiana nel battesimo e si esprime, particolarmente nella fase adulta della vita, nell'impegno libero e cosciente di pervenire al Divino che in Gesù Cristo ci viene incontro. Le crisi che capitano nel percorso di maturazione umana e spirituale sgorgano dall'esigenza di una continua purificazione di tutto l'essere dell'uomo — corpo, anima, spirito [Cf. 1Ts 5,23] — così si dà avvio all'itinerario di santificazione, ossia alla vita nello Spirito [Cf. Ro 8, 14s], che va oltre a quello che identifichiamo come perfezione creaturale, giacché si tratta di partecipazione alla natura divina [Cf. 2Pt 1,4]. Si conferma così che nell'ambito divino-umano l'uomo si scopre capace di conoscere esperienzialmente Dio e di amarlo perché è generato da Dio e genera in lui stesso Dio[1].

---

[1] SANTO IRINEO, *Adversus aereses*, L. III, 20.2.

CAPITOLO I

Lo sviluppo umano spirituale

Introduzione

L'apostolo Paolo rivolgendosi alla comunità di Corinto con la finalità di stigmatizzare il peccato dalla loro divisione e moderare la loro pretesa carismatica afferma: «Io, fratelli, sinora non ho potuto parlare a voi come a uomini spirituali, ma come a esseri carnali, come a neonati in Cristo = Κἀγώ, ἀδελφοί, οὐκ ἠδυνήθην λαλῆσαι ὑμῖν ὡς πνευματικοῖς ἀλλ' ὡς σαρκίνοις, ὡς νηπίοις ἐν Χριστῷ» (cf. 1Cor 3,1). Paolo in questa esortazione impiega l'espressione «uomo spirituale = πνευματικός», che indica colui che si lascia abitare e condure dallo Spirito di Dio, in contrasto con l'uomo «carnale = σαρκικός/σάρκινος», o «psichico o naturale = ὁ ψυχικός ἄνθρωπος» (cf. 1Cor 2,14; 3,3) che vuole identificare l'uomo sotto il dominio dei determinismi culturali, sociologici, naturali — siano essi biologici o psicologici —, che ostacolano l'accoglienza della vita nuova promossa da Cristo[2].

Le poche righe della lettera ai Corinzi ci fanno quindi capire che la vita in Cristo, propria dell'uomo spirituale, si sviluppa in consonanza con la vita nella carne, cioè, la vita circoscritta di fattori congiunturali e contingenti che incidono sulla scelta di vivere in Cristo. Ci fanno anche intendere che l'incremento della

---

[2] D. SORRENTINO, *L'esperienza di Dio*, 23-25.

prima dipende dalla crescita della seconda[3]. Di conseguenza, l'uomo e la sua esistenza si costituiscono nella sede dove si riflettono e si incarnano, antiteticamente, la perfezione nuova del presente evangelico e l'imperfezione vecchia del passato preevangelico[4]. Va considerato pertanto, come *telos* della vita spirituale, il crescere nello Spirito fino che l'uomo diventa adulto in Cristo: ciò significa passare continuamente attraverso la crisi di crescenza che conduce alla maturità dell'uomo spirituale[5].

Ecco perché abbiamo scelto l'individuo adulto come asse della nostra ricerca e per capirlo approfondiremo, in questo capitolo, il concetto di sviluppo umano ed i parametri che circoscrivono la vita adulta: alterità, temporalità, circostanzialità. Ci soffermeremo anche sulla teoria *stadiale* della fede, elaborata da James W. Fowler, e presentata nel libro *Stages of Faith. The Psychology of Human Development and the Quest for Meaning* e presentando i connotati della persona adulta concluderemo la presente riflessione.

1. I parametri della vita adulta

Vogliamo parlare all'uomo del Mistero di Dio, come ha fatto l'apostolo Paulo, e costare o non la presenza di Dio Misterioso nel mistero dell'uomo. Non siamo davanti ad un gioco di parole, giacché il campo semantico della parola «mistero[6]» include chi tre accezioni: cosa sconosciuta; per identificare

---

[3] V. PASQUETTO, *L'uomo raccontato dalla bibbia*, 345-373; A. SAND, «ἄνθρωπος», in Diccionario Exegetico del Nuevo Testamento α ~κ, Vol. 1, 298-310.

Comunque, bisogna aggiungere che nell'antropologia paolina non ci sono dualismi antropologici, seppure frequentemente Paolo si riferisce all'uomo in modo antitetico – l'uomo interiore/esteriore; vita nella carne/spirito; ecc. L'uso dei termini antropologici e dei suoi rispettivi contesti rivela come l'apostolo considera l'uomo come una unità e sempre in riferimento a Cristo.

[4] G. HELEWA, «Aspetti di antropologia Paolina», in E. ANCILLI ed., *Temi di antropologia teologica*, 183-189.

[5] L. BORRIELLO, *Struttura e fisionomia dell'uomo spirituale*, p. 47.

[6] Giova le indicazioni fatta da San Paolo VI, che nell'udienza generale di Mercoledì, 9 aprile 1969, approfondisce proprio questo argomento. Insegna il Pontefice: «Che cosa s'intende per mistero? Bisogna aver presente il duplice significato scritturale di questa parola. Il primo significato è quello del nostro linguaggio usuale; ed è quello di cosa occulta, di verità nascosta. Il secondo è di disegno divino in azione: "A voi è concesso, dice una volta il Maestro, conoscere il mistero del regno di Dio" (*Marc.* 4, 11); e San Paolo parlerà del "mistero di Cristo, il quale

l'inestinguibile ricchezza, sia umana che spirituale, che ogni uomo porta con sé e anche nel senso di concretizzazione del disegno salvifico che Dio Padre ha compiuto per mezzo di Cristo in favore degli uomini. La nostra riflessione è protesa a vedere nell'individuo, in processo di sviluppo umano-spirituale, lo svelamento del Mistero di Dio nel mistero dell'uomo. Così, diventa intelligibile l'operato di Dio nella dinamica della storia e si identifica — come direbbe Von Balthasar — il soprannaturale nell'evento fenomenologico delle vicende umane[7]. Trattasi, insomma, di contemplare la vita adulta come um processo scandito in fasi, segnato da cambiamenti: «ogni fase può entrare in contato con il Segreto in un modo differente. Ogni crisi può essere un invito a rapportarci con il Segreto. In ciascuna prospettiva il Segreto può illuminarsi in un modo nuovo[8]».

Riteniamo quindi che lo sviluppo della persona adulta diviene il punto, a partire dal quale si può verificare il progresso o l'arresto della dimensione spirituale. È lo schermo su cui si proiettano, in modo singolare e irrepetibile, le forme che il Trascendente ha assunto o no nell'itinerario d'ogni individuo. Nei versi del poeta spagnolo Antonio Machado [Siviglia, 26 luglio 1875 — Collioure, 22 febbraio 1939] troviamo bellamente metaforizzato l'intreccio fra la misteriosa dinamicità dell'umano e la presenza indecifrabile del Trascendente in esso, descritto come cammino per essere vissuto nel tempo.

«Viandante, sono le tue impronte
il cammino, e niente più,

---

non era noto in altre età ai figli degli uomini" (*Eph.* 3, 5; e *Col.* 1, 26). Il mistero, in questo senso, è l'oggetto d'una rivelazione, la quale svela un segreto di Dio ai "santi", cioè ai suoi fedeli, ai quali Egli ha voluto "far conoscere quale sia la gloria di questo mistero fra le genti, che è, Cristo fra voi, la speranza di gloria" (*Col.* 1, 27). Ed ecco che appare l'altro significato della parola mistero nel linguaggio scritturale e cristiano; ed è quello che più importa considerare. Mistero è il disegno divino in azione, è l'economia del Vangelo, nascosta in Dio da secoli e, a un dato momento, resa palese ed operante in Cristo (cfr. *Eph.* 1, 9; 3, 9). È l'opera nuova e divina che si compie, in questa terra, nel tempo, per i credenti; è la realtà prodigiosa del rapporto vitale ristabilito, in un ordine trascendente quello naturale, fra Dio e l'umanità, mediante Cristo, nell'Amore divino vivente, ch'è lo Spirito Santo».

[7] H. U. VON BALTHASAR, *Sorelle nello spirito. Teresa di Lisieux ed Elisabetta di Digione*, 28-29.

[8] D. VASSE, «Le temps du désir», Paris, 1969, citato da K. WAAIJMAN, in *La spiritualità: Forme, Fondamenti, Metodi*, 47

viandante, non c’è cammino,
il cammino si fa andando.
Andando si fa il cammino,
e nel rivolger lo sguardo
ecco il sentiero che mai
si tornerà a rifare.
Viandante, non c’è cammino,
Soltanto scie sul mare[9]».

Lo sviluppo, fatto cammino nel tempo, è la risposta al famoso «dubbio amletico» posto da William Shakespeare all'inizio del soliloquio nella prima scena, del terzo atto della tragedia di Amleto, principe di Danimarca: «Essere, o non essere, questa è la domanda: se sia più nobile per la mente patire i colpi e i dardi dell’atroce fortuna o prendere le armi contro un mare di guai e resistendovi terminarli[10]?»

L'interrogativo esistenziale del vivere o morire è alla radice dell'indecisione che impedisce al principe Amleto di agire e al tempo stesso è il momento in cui si condensa l’essere e il non essere costitutivi della persona; attimo che schiude la dimensione della temporalità, espressione privilegiata dell’umano e cornice della crescita o no di ogni individuo che ha scelto consapevolmente di vivere.

Riprendendo la nota affermazione del filosofo spagnolo Ortega y Gasset: «io sono me stesso e la mia circostanza, e se non la salverò non mi salverò[11]» possiamo sostenere che lo sviluppo umano è il cordone ombelicale che unisce

---

[9] A. MACHADO, *Poema XXIX de Provérbios y Cantares*. Cfr. «Caminante, no hay camino, /se hace camino al andar. /Al andar se hace el camino, / y al volver la vista atrás /se ve la senda que nunca /se ha de volver a pisar. /Caminante no hay camino /sino estelas en la mar». [La traduzione in italiano è di Antonio Prete in <https://www.doppiozero.com/materiali/antonio-machado-viandante-non-ce-cammino>.

[10] W. SHAKESPEARE, *La tragedia di Amleto, principe di Danimarca*, 46.

[11] ORTEGA Y GASSET, *Meditaciones del Quijote*, 12: «Yo soy yo y mi circunstancia, y si no la salvo a ella no me salvo yo. *Benefac loco illi quo natus es*, leemos en la Biblia. Y en la escuela platónica se nos da como empresa de toda cultura, esta: «salvar las apariencias», los fenómenos. Es decir, buscar el sentido de lo que nos rodea». Tradotto all’italiano: «Io sono me stesso e la mia circostanza, e se non la salverò non mi salverò. *Benefac loco illi quo natus* è, leggiamo nella Bibbia. E nella scuola platonica ci viene data come compagnia di ogni cultura, questa: "salvare le apparenze", i fenomeni. Cioè, cerca il significato di ciò che ci circonda». [Traduzione dello spagnolo]

l'uomo alle sue circostanze. Circostanze composte di fatti vari e di quelli che sono con me. L'uomo, somigliante al bimbo avvolto nel liquido amniotico quando si trova nel ventre della madre, è tuffato nella realtà che gli sta attorno e mentre interagisce con essa e con tutto ciò che la costituisce si esistenzializza, cioè, trova significanza per sé e per il suo agire. La salvezza non è diventare un tutt'uno con la realtà, anche se da essa non ci si può separare, ma conservando la consapevolezza di ciò che si è, coltivare un atteggiamento di apertura verso sé e gli altri e anche verso la pluriforme manifestazione del reale. Insomma: sono quello che sono perché siamo tutti noi — io, tu, le mie e le tue circostanze e non è sufficiente ri-conoscerli, bisogna entrare in comunione per svelare il mistero presente in sé stessi, negli altri e nella realtà.

Nella tessitura dell'adulto lo sviluppo è criterio per identificare la temporalità, le circostanze, l'alterità e le varie tappe del suo processo di crescita umano-spirituale. Chiamando in causa le scienze umane vogliamo confermare tali lineamenti rispettando, da una parte, la dimensione del mistero, che è presente nella realtà antropologica e d'altra parte, avvicinarsi alla realtà concreta della persona senza, però, ecclissare il Mistero[12] per antonomasia che nella dialettica della presenza-assenza svela all'uomo il suo proprio mistero e si costituisce nel suo traguardo. Procediamo così perché la postmodernità[13] considera l'uomo piuttosto nella sua dimensione empirica e lo sottopone ai vari ambiti delle scienze umane; di conseguenza egli è definito secondo il profilo di indagine a cui è stato sottomesso: biologico, etnologico, psicologico, linguistico, ecc. Il risultato di tale operazione è che siamo riusciti ad avere una approfondita conoscenza dell'uomo ma, purtroppo, frammentata, ed è tanto sminuita la nostra capacità di

[12] I padri conciliare, nella dichiarazione del Concilio Vaticano II, *Gaudium et Spes*, nel numero 22, affrontano tali questioni fondandosi, giustamente sul tema della creazione, ovvero sul fatto che Dio ha creato l'uomo a sua immagine e somiglianza (Cfr. Gn 1, 27), arricchendola però con l'accento cristologico, aggiungendo che «in realtà solamente nel mistero del Verbo incarnato trova vera luce il mistero dell'uomo»; poi «Cristo, che è il nuovo Adamo, proprio rivelando il mistero del Padre e del suo amore svela pienamente l'uomo a se stesso e gli manifesta la sua altissima vocazione».

[13] Cfr. J.F. LYOTARD, *La condizione postmoderna. Rapporto sul sapere*, Milano, Feltrinelli, 1981; R. TOMMASI, «L'ascolto della realtà e la questione del metodo in teologia pastorale. Un contrappunto filosofico», in Orientamenti Pastorali 8 (2007), in partic. pp. 22-38.

vederlo nella sua integralità. Il teologo milanese Giulio Brambilla ci aiuta a capire ciò asserendo che [...] «non è un caso che nell'epoca moderna le "scienze umane" facciano il loro ingresso al "plurale". Ciò denuncia l'incapacità del sapere dell'uomo di venire a capo del suo mistero da un solo punto di osservazione[14]».

Il tema della persona e del suo sviluppo è stato ampiamente trattato dalla psicologia, particolarmente quella del profondo, che cerca di chiarire il complesso universo psichico dell'uomo, anche in riferimento alla cosiddetta esperienza religiosa[15] ed all'approccio psicologico alla vita morale[16]; è trattato nella teologia spirituale come lettura credente dall'esperienza vissuta di santità, anche nei suoi risvolti psicologici e socio culturali[17]; è studiato nelle odierne dinamiche educative, dove si cerca di affrontare la fluidità e mobilità, caratteristiche della postmodernità, finché si giunge a potere stabilire un concreto percorso educativo[18]; è tenuto presente nella pedagogia integrale che aperta alla dimensione religiosa, insita nella natura umana, chiarisce che in ogni momento dello sviluppo umano si costituisce in «momento» pedagogico[19]; è considerato nell'ambito storico-culturale allo scopo di determinare metodologicamente le fasi dello sviluppo religioso che rivelano aspetti strutturali, comuni, del transito umano lungo i percorsi dell'esperienza religiosa[20]. Tutto ciò va considerato nella dinamica dello sviluppo spirituale, che si dispiega in cinque stadi, cominciando dalla trasformazione nella creazione, passando per la ricreazione e conformazione, per arrivare all'incontro con Dio fino alla partecipazione nella vita divina[21].

---

[14] G. F. BRAMBILLA., *Antropologia Teologica*, 21.

[15] M. DIANA., *Ciclo di vita ed esperienza religiosa*, 5-11;

[16] A. MANETTI e C. BRESCIANI, *Psicologia e sviluppo morale della persona*, 9-59.

[17] J. M. GARCIA, *Teologia Spirituale – Epistemologia e interdisciplinarità*, 171-215.

[18] C. SIRNA, «Presentazione», 9-13, in R. G. Romano (a cura di), *Ciclo di Vita e dinamiche educative nella società postmoderna*.

[19] F. IMODA, *Sviluppo umano, psicologia e mistero*, 436.

[20] F. OSER-P. GMUNDER, *El hombre. Estadios de su desarrollo religioso*, 7.

[21] K. WAAIJMAN, *La spiritualità: Forme, Fondamenti*, Metodi, 529-560.

Fra i summenzionati approcci abbiamo scelto, per tratteggiarlo in modo riassuntivo, quello di James W. Fowler, descritto nel libro intitolato *«Stages of Faith. The Psychology of Human Development and the Quest for Meaning»*, uscito nel 1981, ma purtroppo non tradotto in lingua italiana[22]. Il psicologo Germano Rossi, docente nella Università degli Studi di Milano, asserisce che le teorie stadiali, quelle che cercano di evidenziare le strutture e i processi vissuti dagli uomini nel corso del loro sviluppo cognitivo (Jean Piaget), religioso (J. Fowler, D. Helminiak), psicologico (E. H.Erikson), morale (F. Oser-P. Gmunder) ecc., hanno fatto il loro tempo. Comunque, secondo lui, si avverte la mancanza di nuove teorie e di nuove ricerche empiriche che si basino su questo approccio. Le indagini empiriche sullo sviluppo dei concetti religiosi e sullo sviluppo religioso degli individui ormai sono rare[23]. I punti deboli delle teorie *stadiale* sono stati individuati anche dai teologhi e pastoralisti che risaltano che i modelli sono troppo complessi e che suoi autori hanno inserito troppo cose in un'unica teoria. Non c'è dubbio che si può trovare una correlazione fra l'età e le tappe della fede nell'infanzia e nell'adolescenza, ma tale nesso viene meno nell'età adulta, come possiamo dedurre dalla riflessione sulla teoria elaborata da J. Fowler.[24]

Abbiamo scelto la prospettiva *stadiale* perché ci sembra in sintonia con un intendimento della teologia spirituale volta a studiare i principi della rivelazione cristiana cattolica, per descriverne lo sviluppo progressivo e farne vedere le

---

[22] JAMES FOWLER, *Stages of Faith. The Psychology of Human Development and the Quest for Meaning*, Harper, San Francisco - New York 1981. Purtroppo i lavori di Fowler sono difficilmente rintracciabili nella pubblicistica italiana. A guisa di illustrazione cito alcuni: A.A BUCHER, «Fasi dello sviluppo religioso secondo James W. Fowler e F. Oser - Panorama comparativo e critico» in *Orientamenti Pedagogici* 36,1989,1090-1121; J. FOWLER., «Teologia e psicologia nello studio dello sviluppo della fede» in *Concilium* 2, 1982, 153-159; E. ALBERICH E A. BINZ., «Adulti e catechesi. Elementi di metodologia catechistica dell'età adulta», Torino, LDC, 1993, 81-89; N. HINTERSTEINER., «Tappe della vita di fronte alla cultura globalizzata», in *Concilium*, 5, 2007, 48-61. Disponibile in http://www.notedipastoralegiovanile.it/ index.php?option=comcontent&view =article&id=8267: le-teorie-sulle-tappe-della-vita-di-fronte-alla-culturaglobalizzata&catid=106:famiglia-ed-educazione&Itemid=173; L. BALUGANI, «Gli stadi di sviluppo della Fede secondo James W. Fowler», in Tredimensioni 13, 2016, 244-559; C. W. DE VOS, «Pienamente umano, totalmente divino: James Fowler ed Evelyne Underhill», in http://integrazioneposturale.com/pienamente-umano-totalmente-divino-james-fowler-ed-evelyne-underhill/

[23] G. ROSSI, Appunti sul Capitolo 4.

[24] N. HINTERSTEINER, «Teorie sulle tappe della vita e cultura globalizzata», 56.

strutture e le leggi[25] con l'obiettivo di dimostrare come essi sono stati intesi, accolti e vissuti dalla comunità dei credenti e dai singoli nei loro percorsi umano e spirituali[26].

2. La fede: definizioni e stadi

Cosa davvero dà un senso alla tua vita? Quando sei scoraggiato, cosa ti dà la forza di continuare a combattere?» «Quali eventi, persone, relazioni o esperienze hanno plasmato in modo decisivo il tuo atteggiamento nei confronti della vita? Queste domande e tante altre sono state fatte a più di 400 individui da James W. Fowler[27] e dai suoi collaboratori nel corso di ricerche approfondite con persone di varie età, appartenenti a diverse religioni: ebraica, cattolica, protestante e anche con agnostici ed atei. I colloqui, insieme a un solido materiale teorico di base, hanno fornito il ricco materiale che ha consentito al ricercatore americano di percepire le forme con cui la vita acquisisce gli scopi per cui viviamo: secondo lui, è proprio la fede. Essa non è soltanto un fenomeno umano universale, ma è pure il pellegrinaggio compiuto da ogni uomo che si mette alla ricerca d'un senso per la propria vita. L'autore di questa teoria è insegnante di teologia ma anche di psicologia dello sviluppo umano alla Emory University, Atlanta–GA, USA. Il suo approccio è piuttosto trasversale; inoltre come teologo attinge ispirazione per il suo lavoro da H. Richard Niebhur e Paul Tillich e come psicologo trae dei contribuiti di Jean Piaget e Erik H. Erikson: individua cioè gli elementi per elaborare, sul versante psicologico della fede, una teoria che mette in evidenza i vari stadi della sua evoluzione. Presentarla è ciò che ci proponiamo d'ora in poi.

Cos'è la fede? Il nostro autore sostiene che essa è un universale umano, cioè, un modo con cui l'individuo identifica e dà senso alle molteplici relazioni e alle

---

[25] C. A. BERNARD, *Teologia spirituale*, 68; M. Gioia, *Teologia spirituale*, 15; D. SORRENTINO, *L'esperienza di Dio – disegno di teologia spirituale*, p. 54.

[26] R. DI MURO, *La teologia spirituale, tra dato teologico ed esperienza*, 20.

[27] Nella stesura di questo lavoro usiamo la versione tradotta per il portoghese di *Stages of Faith. The Psychology of Human Development and the Quest for Meaning*, editata in Brasile con il *titolo Estágios da Fé: A Psicologia do Desenvolvimento Humano e a Busca do Sentido*, São Leopoldo, Sinodal, 1992 e anche dello stesso autore *Diventare adulti. Diventare cristiani*, a cura di R. Gabbiadini e M.T. Moscato, Franco Angeli, Milano, 2017.

forze con le quali intesse la vita; è una modalità con cui chiunque, sia egli credente o no, vede sé stesso e gli altri sotto la prospettiva dei significati e propositi condivisi, giacche ogni soggetto porta con sé la preoccupazione di strutturare la propria vita, di renderla degna d'essere vissuta ma anche di fondarla su qualcosa che sia degno di onore e rispetto.

La fede abbraccia anche due categorie: quella di relazione e quella di immaginazione. La relazione è fondamentale nel rapporto con ciò che accettiamo come trascendente. Tale trascendente non solo diviene l'«altro» con il quale l'individuo stabilisce un rapporto ma è un centro di valore e potere, e perciò non può essere preso come una estensione conscia o inconscia dell'ego personale o di gruppo, neppure come una causa o istituzione finita. Anzi, essa si costituisce come il principio dell'essere e la sorgente d'ogni valore e di potere. Insomma, dalla relazione che si crea fra l'«io individuale» e l'«altro io» che lo trascende, sgorga la fede. Essa offre all'«io individuale» gli script — sequenze di comportamenti e azioni — che hanno lo scopo di dare senso e di indirizzare le nostre azioni, ad esempio: script che ci indicano come essere buoni, come fare parte di una comunità — sociale o religiosa —.

Per il Fowler immaginazione non vuole dire fantasia ma capacità di comporre immagini che avvolgono interamente le condizioni ultime dell'esistenza. Così ha fatto Monica Dal Maso che si è chiesta cosa il pensiero ebraico può dire di fronte alla Shoah. La scrittrice abbozza una risposta: «forse, una strada c'è» ed è «la via della fede». «Una strada difficile, soprattutto per l'uomo moderno». Allora, in un mondo come il nostro dove è possibile Auschwitz, «avere fede significa accettare con umiltà il fatto che ci sono limiti oltre i quali non è possibile andare». E questa appare la conclusione più saggia: «dobbiamo anche noi imparare ad «amare ciò che non possiamo capire»[28].

---

[28] M. DAL MASO, *Pensare Dio dopo Auschwitz? Il pensiero ebraico di fronte alla Shoah,* 248-252; A. PIZZO, «Recensione a Monica Dal Maso, Pensare Dio dopo Auschwitz? Il pensiero ebraico di fronte alla Shoah», in Dialegesthai, Rivista telematica di filosofia.

Sia come relazione sia come immaginazione, la fede è una forma di fiducia e di lealtà verso le immagini e le realtà del potere; è ciò che ci permette di affrontare l'*ultimate concern*[29] che può variare da una persona ad un'altra ma che riguarda gli stessi interessi essenziali: religione, famiglia, nazione, potere, denaro, sessualità[30]. Fowler ha individuato sette stadi della fede, che prendono le mosse fin dai primi mesi di vita. Li presenteremo sommariamente, ma prima ricordiamo, con le parole di Balungani, che il punto centrale

> non è disquisire sul numero degli stadi (se siano cioè 6 o 4 anziché 7 o se la descrizione di ciascuno di essi sia o no l'esatto ritratto di ciò che avviene in realtà) [...] Gli stadi servono a descrivere lo sviluppo sequenziale/genetico della fede: come *ultimate concern* si sviluppa, passo per passo e in sinergia con lo sviluppo dell'io globale, a cosa tende ogni passo, fin dove arriva nella sua maturità e quali sono le condizioni perché questo bisogno di contatto sensato con la realtà – fondato su ciò che ha la qualità di essenziale e di escatologico – rimanga in movimento[31].

2.1 La fede primitiva

La prima tappa, che è denominata da Fowler «fede primitiva», sveglia nella memoria l'affermazione del Salmo 130,1-3 che dice: «Come bimbo svezzato in braccio a sua madre». Il nostro autore asserisce che i legami affettivi stabiliti fra madre e figlio, che si iniziano nel periodo prenatale, continuano nel tempo di gestazione e si consolidano dopo il parto. Hanno come effetto, quando tutto trascorre nella normalità, di sprigionare energia nella cura che si rafforza in proporzione alla qualità dell'azione in cui la madre accudisce e risponde ai bisogni del neonato. Tale azione che stimola la formazione di legami affettivi e promuove il suo sviluppo fisico ed emozionale.

---

[29] P. TILLICH, *Dinamica della fede – Religione e morale*, 15.
Questo concetto è stato interpretato da coloro che in Italia hanno tradotto l'opera di Tillich come «interesse per l'assoluto», «valore assoluto», «interesse definitivo». Come proprio Tillich spiega, continua il traduttore, [...] «*ultimate concern* associa l'aspetto soggettivo e quello oggettivo dell'atto della fede. È chiaro che, quando traduco "interesse per l'assoluto", metto in evidenza l'aspetto soggettivo, mentre, quando traduco, "valore assoluto", metto in evidenza l'aspetto oggettivo».

[30] J. FOWLER, *Estágios da Fé: A Psicologia do Desenvolvimento Humano e a Busca do Sentido*, 9-40.

[31] L. BALUGANI, «Gli stadi di sviluppo della Fede secondo James W. Fowler», 246-247.

Questo insieme di azioni di puericultura fa si che il nascituro, ancora privo della capacità di riflettere su di sé e sul mondo che lo circonda, cominci ad abbozzare le immagini primarie di ciò che è buono o cattivo nel suo mondo personale. Si intersecano tre elementi che sono fondamentali nell'insorgere della fede: la fiducia che il bimbo avverte nel fatto d'essere curato e voluto, l'affidabilità dell'ambiente e il senso di sé.

Così, da neonato fino ai due anni di vita, si dà avvio alla peregrinazione nella «fede», che ogni individuo deve compiere. Sottolinea il nostro autore che «la fede primitiva si genera sulle radici della fiducia, ed è nutrita dall'ecologia delle relazioni, dalla cura, da significati condivisi che danno il benvenuto al bambino e che compensano la sua vulnerabilità originaria[32]».

2.2 *La fede intuitivo proiettiva*

La spinta a cominciare a parlare è innata ma dai primi suoni alle prime parole il bambino vive un travagliato percorso che inizia con lo sguardo, segue con i gesti e arriva, alla fine al linguaggio. Intorno ai tre anni, quando già prospera vigoroso il potere della fantasia, il bambino riesce a formulare frasi intere e ad adoperare il linguaggio anche in riferimento a esperienze lontane nel tempo e nello spazio. È possibile vedere come egli si apra a una realtà che l'avvolge e penetra la quotidianità, facendogli mettere insieme fantasia, fatto e sentimenti e ciò costituisce lo stato intuitivo-proiettivo.

Questo stadio, che arriva fino ai 6/7 anni, coincide con l'ingresso del bambino nell'ambito dell'educazione formale e, nonostante il processo di secolarizzazione, sopravvive ancora nelle famiglie e anche nella cultura numerosi elementi religiosi — edifici pubblici, i giorni festivi con un sottofondo religioso: per esempio, il Natale, la Pasqua —. Non ci si stupisca poi se l'immagine di Dio formulata dal bambino ha i connotati antropomorfici e sia la stessa immagine

---

[32] J. FOWLER, *Estágios da Fé: A Psicologia do Desenvolvimento Humano e a Busca do Sentido*, 105-107; Id., *Diventare adulti. Diventare cristiani*, 80-81.

fornita dai genitori e dalla sua comunità di appartenenza — religiosa o scolastica che sia[33].

2.3 La fede mitico-letterale

Nel dinamismo *stadiale* della fede, il terzo periodo è denominato mitico-letterale: nel bambino intuitivo-proiettivo che lavora duramente ed efficacemente per distinguere il reale dall'immaginario, intorno ai 10 anni subentra quello mitico-letterale. Egli, perché ha già sviluppato il pensiero operativo concreto, costruisce un mondo più ordinato, affidabile e temporalmente lineare. Per quanto riguarda il nostro interesse per la fede, possiamo dire che lo sviluppo di questa fase porta con sé la capacità di accedere alle esperienze vissute e di donare loro un significato tramite le storie, i drammi e i miti, come modi per scoprire e dare coerenza all'esistenza e alla realtà. L'immagine di Dio prende la forma offerta dalla cultura. Tuttavia, tali forme sono piene dei contenuti tratti dalla prospettiva assunta dal bambino in relazione ai genitori con la loro autorità decisionale[34].

2.4 La fede sintetico-convenzionale

L'individuo che segnaliamo in questa tappa è quello identificato come adolescente. È proprio il periodo adolescenziale che, non molto tempo fa, era considerato una condizione naturale tra l'infanzia e l'età adulta e ai tempi di oggi, è prolungatamente vissuta, situazione che non faceva parte dell'esperienza delle persone prima del secolo XX. Ciò nonostante, il teologo e educatore tedesco Friedrich Schweitzer distacca che gli storici hanno fatto rilevare tuttavia che, mentre i processi fisiologici della pubertà potrebbero essere un evento naturale, certamente non è un evento "naturale" l'adolescenza come processo

[33]J. FOWLER, *Estágios da Fé: A Psicologia do Desenvolvimento Humano e a Busca do Sentido*, 108-1117; Id., *Diventare adulti. Diventare cristiani*, 82-83. L. BALUGANI, «Gli stadi di sviluppo della Fede secondo James W. Fowler», 247.

[34] L'analisi fatta dal Fowler ci rimanda a quattro decade indietro e oggi, purtroppo, costatiamo che la cinghia di trasmissione della fede che manteneva unita famiglia (genitori, zii, noni), scuola (maestri) e comunità (chiesa) si è ormai spezzata e assistiamo alla nascita, particolarmente in Italia, della prima generazione incredula. Si veda l'arguta riflessione fata da ARMANDO MATTEO, in *La prima generazione incredula. Il difficile rapporto tra i giovani e fede*, 3-48.

psicologico e sociale, cioè, come processo del riconoscimento e della accettazione dei mutamenti messi in moto dalla pubertà e insieme dalle aspettative della società[35].

Con l'avvento della prima adolescenza, più o meno tra 12/13 anni, si verifica una rivoluzione nella vita fisica ed emozionale di un bambino e si entra in quella tappa in cui il pensiero è identificato come operazionale. Ciò vuol dire che la persona per la prima volta fa uso di operazioni completamente logiche. Il pensiero cessa di essere dominato dalle percezioni e il ragazzo diventa capace di risolvere problemi che esistono o sono esistiti — sono concreti — nella sua esperienza. Il pensiero diventa meno egocentrico, ma più critico. Ora il neo-adolescente è in grado di costruire una conoscenza più compatibile con il mondo che lo circonda; poi è inoltre capace di identificare le contraddizioni e di allontanarsi dai *leaders*. Il reale e l'immaginario non si confondono più nella sua percezione. Il pensiero diventa operativo perché diventa reversibile, cioè il soggetto può tornare mentalmente al punto di partenza. Quindi il pensiero si basa più sul ragionamento che sulla percezione.

In questa fase accade ciò che Fowler definisce come «reciproca capacità di prospettiva interpersonale»: essa indica che l'adolescente, che cerca di comporre la propria identità, si confronta con l'immagine del migliore amico oppure di una ragazzina che gli ha svegliato l'attenzione. L'emergere della suddetta prospettiva fa sì che l'immagine di Dio subisca una ricomposizione. Sia l'io del neo-adolescente, sia il suo migliore amico o colei che gli interessa sono presi come se avessero una profondità ricca, misteriosa e, alla fine, inaccessibile. Dio viene ad essere riconsiderato come qualcuno che possiede inesauribili profondità e anche come colui che è in grado di conoscerle personalmente. Se il rapporto con Dio è significativo, l'impegno per lui e l'immagine che gli è correlata esercitano un potente effetto di riorganizzazione dell'identità e della prospettiva dei valori dell'adolescente.

---

[35] F. SCHWEITZER, «Adolescenza: alla ricerca di una fede personale», 106.

Il sistema di fede di uno individuo che si trova in questo stadio è convenzionale, nel senso che è visto come un sistema a cui tutti appartengono, ma è anche sintetico, in quanto non analitico, giacché possiede una sorta di unità globale unificata.

2.5 La fede individualizzante-riflessiva

Questa comincia a delinearsi verso i 17 anni, trova il suo culmine verso i 20 e, in generale, non è completata prima dei 30 anni. La fede di chi si trova in questa tappa è marcata del vissuto delle molteplici esperienze e l'individuo deve valutarle per scegliere gli elementi con cui comporrà la sua identità. Si inizia a pensare che Dio sia in qualche modo separato dal proprio mondo e che eserciti su di esso un'influenza relativamente ridotta.

Così, la persona in questa tappa assume una distanza critica dai valori precedenti e compare un «io esecutivo» che oltre a circoscrivere i confini in cui la persona si muove, la libera dalla dipendenza di una autorità esterna. D'ora in poi i giudizi e le attese degli altri vengono sottoposti ai criteri proposti dell'individuo che si sente nel diritto di scegliere e di prendere in mano la propria vita.

Nella società brasiliana, si verifica un macro-processo di sintesi e di differenziazione continua che avviene proprio fra coloro che si trovano in questa età, chiamato di «transito religioso». Questa nozione indica, un doppio movimento: primo, la circolazione delle persone da parte delle varie istituzioni religiose e, in secondo luogo, la metamorfosi delle pratiche e delle credenze rielaborate in questo processo di giustapposizioni, nel tempo e nello spazio, di diversi beni religiosi, con la finalità di rispondere alle aspettative degli individui. A guisa di illustrazione vale ricordare il Movimento di Rinnovamento nello Spirito, chiamato nel Brasile «Renovação Carismática»[36], che incorpora gesti e

---

[36] R. DE ALMEIDA E P. MONTEIRO, «Trânsito Religioso no Brasil».
Il rinnovamento carismatico genera un nuovo modello di religiosità formato dall'interazione tra cattolicesimo, pentecostalismo e protestantesimo storico: dal pentecostalismo adottò i doni o i carismi spirituali, come la glossolalia e la guarigione; e del protestantesimo storico, l'idea della conversione personale che, in termini pratici, si manifesta come un'esperienza emotiva con

modalità di preghiera prettamente neo pentecostali. In tale movimento la gran maggioranza dei partecipanti si trovano proprio in questa età.

2.6 *La fede cognitiva*

Si consolida questa tappa quando l'individuo si trova nella mezza età, cioè, dai 35 anni in poi. Egli, più sicuro di sé, è capace di convivere con delle forti tensioni: essere allo stesso tempo giovane ma consapevole del declino della vita, maschile e femminile, padre e figlio, membro di un'istituzione ma conscio della sua individualità. La persona adulta prende le cose come esse sono e scopre che nella vita tutto è assai collegato, la realtà si presenta nella sua multidimensionalità e si impone il faticoso compito di unire gli opposti sia nella mente, che nella realtà. Parafrasando Balthasar si può dire che l'individuo che è arrivato a questa tappa è riuscito a capire che la «vita è sinfonica[37]»; in seguito è spinto verso un approccio più dialettico e stratificato alla verità della vita. Per ciò che si riferisce alla vita di fede si osserva che l'individuo possiede il desiderio di una più profonda relazione con Dio attraverso il pensiero simbolico e la domanda sul significato dell'esistenza assume una netta centralità[38].

2.7 *La fede universalizzante*

Mentre la grande maggioranze delle persone sembrano trovarsi nelle fasi individualizzante-riflessiva e congiuntiva, allo stadio universalizzante soltanto pochi individui sono capaci di ascendere. Seppure non abbiamo trovato indicazione di credo o di chiese nell'opera di Fowler, la descrizione fatta da lui di

---

implicazioni dirette sul comportamento dei fedeli nelle sfere della vita sociale, come la famiglia e il lavoro, e nel loro stato psichico-emotivo (depressione, dipendenza, solitudine, ecc.). La conversione avviene come interiorizzazione della religione accompagnata da un cambiamento di comportamento sociale e riorganizzazione della vita attorno a una "comunità di fratelli". Il contributo del Rinnovamento è d'essere in grado di operare un cambiamento, "essere un uomo nuovo", senza rompere con la Chiesa Ufficiale. In effetti, promuove la «ri-aderenza» a un nuovo corpo di credenti influenzati dalla religiosità evangelica e protestanti all'interno della stessa Chiesa. Il risultato è un fedele che unisce glossolalia al culto mariano, e ciò garantisce movimento alla cattolicità. [Traduzione del portoghese]

[37] H.U. BALTHASAR, *La verità è sinfonica*, 7-13.

[38] M. DIANA, *Ciclo di vita ed esperienza religiosa*, 176-177.

un individuo che si trova in questa tappa ci porta ad accostarlo a quello che noi cattolici identifichiamo come una «persona santa».

La persona che si trova in questa fase è portatrice di sogni e pervasa da un grande desiderio di cambiamento, sia in sé che nelle strutture in cui si trova inserita, e perciò indica la fine dell'antico ordine e l'irrompere di un ordine nuovo; comunque la stessa integrità della persona comporta l'assunzione di responsabilità per le istituzioni e per le persone nel presente. Questo individuo, intessuto da desiderio e malessere, è spinto verso un rapporto trasformante e trasformato con sé stesso, con l'esistenza quotidiana e con il suo prossimo. Tale relazione trasformante e trasformata è o si può chiamare fede universale.

La fede universale promuove il decentramento di sé, allargando il cerchio di quelli che contano — famiglia, amici, comunità, ecc. — Tale dinamica abbiamo osservato, nel susseguirsi degli stadi, nella relazione del proprio punto di vista con quelli degli altri, inclusi in un raggio sempre più ampio. In termine metaforico si può dire l'individuo conosce il mondo attraverso gli occhi degli altri e le esperienze altrui, diverse dalle sue.

Il cuore aderisce ai valori che contribuiscono a consolidare l'identità personale e il rapporto con gli altri, proprio perché sembrano prometterci una sorta di fondamento per noi. In altre parole: la persona prende su serio gli ideali dalle istituzioni, dei gruppi o delle altre persone che gli appaiano significative e sembrano promuovere il bene per sé e per gli altri, che rafforzano valori, che aiutano a gestire le proprie paure e insicurezze in quanto persone finite, inserite in un mondo pericoloso.

In verità, quello che si osserva nelle grandi tradizioni religiose, è che ci sono persone a tal punto innamorate di Dio che sono capaci di andare oltre sé stessi, oltre i legami famigliari e i valori che credono giusti; persone che sono sensibili alle sofferenze e miserie degli altri, che non si lasciano ingabbiare dalla seduzione dei beni materiali, dai giochi di potere o da interessi personali e che riescono a stabilire comunione con i propri simili, seppure appartengano ad altre culture o denominazioni religiose e con tutto il creato

Prendendo in considerazione l'intero arco della vita J. Fowler elabora una dinamica concezione della fede religiosa, dove il livello cognitivo funge da concetto centrale, e i cambiamenti vissuto dall'individuo nel suo rapporto con il trascendente sono identificati e descritti in modo coerente. Alla fine, quello che possiamo costatare, è che la progressione *stadiale* della fede può essere vista all'interno del naturale processo di sviluppo umano, con paralleli ovvi con la dimensione cognitiva, morale, psicosociale e con lo sviluppo dell'ego. Comunque, per mantenersi fedele alla dinamica dello sviluppo stadiale bisogna fare attenzione ad alcune caratteristiche che tale concetto incorpora: 1°. Le tappe devono essere qualitativamente diverse; questo indica che a ogni tappa si presenti una capacità di risoluzione dei problemi che superi quella della tappa precedente. 2°. Le tappe formano una sequenza invariante, così che il loro ordine non può essere modificato e nessuna tappa può essere saltata, perché ognuna si basa sui risultati della precedente. Di conseguenza non sono ammesse regressioni a stadi inferiori, alla fine di intendere lo sviluppo come un processo irreversibile. 3°. Ogni tappa forma un insieme strutturale. 4°. La (re)integrazione gerarchica assicura che i primi stadi siano inclusi nei seguenti. Così che le forme di conoscenza più precoci continuino a essere efficaci, in modo diverso, negli stadi più avanzati[39].

Non occorre ricorrere alla grazia o alla rivelazione divina per giustificare l'incremento della persona, nel tempo e nell'interazione con le condizioni dell'esistenza, verso lo stadio congiuntivo. Lo stesso, però, non si può affermare della fase universale, giacché la persona in essi sembra negare il naturale interesse per sé, per i legami famigliari, per il potere, i beni materiali, ecc. Ciò soltanto è possibile con la libera subordinazione al valore centrale dell'unione della persona con il trascendente. L'itinerario dell'uomo verso la pienezza è il risultato, conclude il nostro autore, di una certa sinergia tra le potenzialità dell'uomo, donatagli nella creazione, e la presenza attiva dello Spirito mediata da

---

[39] N. HINTERSTEINER, «Tappe della vita di fronte alla cultura globalizzata», 53; F. OSER-P. GMUNDER, *Los estadios del juicio religioso*, 95

diversi canali[40]. Vale ricordare che l'uomo è uno, ma complesso, e la chiamata che Dio gli rivolge, l'attinge nel più profondo del suo essere e ciò non potrebbe essere ridotto ad un semplice fattore psicologico.

Infatti la «vita secondo lo Spirito», appunto vita adulta in Cristo, è vissuta e si esprime in comportamenti umani, atteggiamenti umani, nel modo di pensare e di agire che, almeno in linea di principio, non cessa di essere accessibile all'osservazione. Rimane comunque il fatto che, nella misura in cui la vita spirituale è quella di un soggetto umano, essa è pur vita umana e deve poter rivelarsi mediante certi segni distinguibili e osservabili[41]. Sono, pertanto, questi segni che abbiamo cercato di rilevare nel processo di maturazione biologica, psicologica e religiosa vissuta dagli individui, con lo scopo di capire perché la dimensione religiosa si arresta, seppure in altri ambiti della vita vada avanti, generando le crisi spirituale nella vita dell'uomo, chiamato a diventare maturo in Cristo.

Gli individui, inoltre, si sviluppano in un mondo in continuo mutamento e questo fatto comporta, di riflesso, una trasformazione nel soggetto che cambia. Perciò, prima di trattenerci sulle vicende spirituali dell'individuo adulto vogliamo perlustrare l'orizzonte della postmodernità per identificare alcune sfide che la persona adulta è chiamata ad affrontare per essere in grado di crescere nella vita spirituale.

---

[40] Cfr. J. FOWLER, *Estágios da Fé: A Psicologia do Desenvolvimento Humano e a Busca do Sentido; Diventare adulti. Diventare cristiani*, 95-103; L. BALUGANI, «Gli stadi di sviluppo della Fede secondo James W. Fowler», 246-257.

[41] J.-F. CATALAN, *Esperienza spirituale e psicologia*, 13.

3. L'adulto: soggetto di identità plurima

Siamo cresciuti ascoltando la domanda dei genitori e di altre persone adulte: «cosa farai da grande?» Forse qualcuno ha saputo rispondere con fierezza e convinzione! Ma che cosa faccio adesso che sono diventato grande? Se prima, preso dalla vivacità e spontaneità propria dei bambini rispondevamo calciatore, astronauta, maestro, prete, ecc., oggi, la domanda sembra spiazzarci e ci trova impreparati a rispondere, giacché, soprattutto in occidente,

> dopo il crollo del paradigma della razionalità e la rivincita del soggettivismo, la caduta del maschio e l'emergenza del potere femminile, l'abbandono delle certezze permanenti e l'accettazione della provvisorietà contingente, stiamo forse assistendo allo sgretolamento di quell'adulto cresciuto e compiuto che la nostra tradizione classica e moderna ci hanno tramandato[42].

Non è tuttavia l'occidente e, di riflesso il mondo, che vive una fase di incertezza e di disaggio, come ha rivelato l'analisi di Jean Francois Lyotard[43], ma anche la Chiesa Cattolica[44] e, per estensione, le persone adulte che si dichiarano battezzati e che si trovano dentro e fuori d'essa. Oggi, indicare le caratteristiche e l'età di un adulto cattolico non è un compito facile. Vediamo perché: Se prendiamo come riferimento il fattore cronologico vediamo che esso oscilla: i giovani ebrei celebrano il *bar mitzvah,* raggiungendo l'età della responsabilità, con 12 (ragazze) e 13 (ragazzi) anni. L'ordinamento giuridico in molte parti del mondo, per esempio in Brasile, definisce l'età di 18 anni, l'età per pervenire alla maturità legale; anche il governo brasiliano accetta come criterio per definire politiche per i giovani, che i processi che costituiscono l'età giovanile avvenga fra i 15 e 29 anni[45]. Negli Stati Uniti tuttora un minorenne può andare davanti al giudice già a 12 anni, ed essere mandato in carcere a 16.

---

[42] A. MUNARI, «L'evanescente cresciuto», 156 in Adultità, citato in R. G. ROMANO, ed., *Ciclo di Vita e dinamiche educative nella società postmoderna.*

[43] Cfr. J-F. LYOTARD, La condizione postmoderna: rapporto sul sapere, Milano, 1981.

[44] Cfr. A. MATTEO, *Presenza Infranta. Il disagio postmoderno del cristianesimo,* Assisi, Cittadella, 2008; Id., *Come forestieri: Perché il cristianesimo è diventato estraneo agli uomini e alle donne del nostro tempo*, Soveria Mannelli, 2008.

[45] H. ABRAMO, «Identidades juvenis: estudo, trabalho e conjugalidade em trajetórias reversíveis», 19-20, in *Agenda Juventude Brasil, leituras sobre uma década de mudanças.*

L'Organizzazione Mondiale della Salute considera che la vita adulta va dai 26 ai 65 anni. Nella definizione di tali tappe subentrano fattori di ordine biologico, psicologico e culturale: ai giovani adulti, quelli che si trovano fra 24 e 40 anni, si riconosce la maturazione riproduttiva mentre agli adulti maturi, coloro che sono tra 40 e 65, si applicano piuttosto criteri di ordine psicologico e culturale, come la sistematizzazione in termine affettivo ed economico. Ma giustamente se consideriamo l'assunzione delle responsabilità che fino a qualche decennio fa era proprio della persona adulta, come sposarsi e avere una professione che garantiva uno stipendio, la cosa diventa assai difficile. E se uno decide di rimanere scapolo? E quello che ha avuto più di una sposa, giacché nella postmodernità monogamia non è sinonimo di indissolubilità del vincolo coniugale[46]? E se perde il lavoro? E quello disoccupato?

E se spostiamo il discorso nell'ambito comportamentale e del raggiungimento della pienezza biologica e psicologica per sostenere che adulto è colui che è diventato grande, cioè, umanamente maturo? Bene! Ma quali sono i criteri e a chi compete di stipulare i connotati della maturità per poter dire che uno è o non è maturo? Cos'è proprio dalla psicologia e che cos'è proprio dalla morale? Insomma, identificare o dire chi sia o come uno è divenuto adulto è una matassa difficile da dipanare, soprattutto perché, l'adolescenza-giovinezza si è prolungata e la vecchiaia è spostata sempre più avanti. In linea di massima è possibile affermare che

> la figura emblematica della postmodernità e forse la più significativa è infatti proprio quella dell'adulto bambino e del bambino adulto, poiché il tratto più caratteristico di questo tempo è quello dell'affievolirsi degli attributi specifici sia dell'uno che dell'altro. Secondo le considerazioni di Postman, per molti versi assai moralizzanti, l'età della vita si sarebbe ridotta a due: la primissima infanzia da un lato e la vecchiaia dall'altro. Tra loro una lunga zona intermedia, la figura ossimorica del bambino adulto, con il suo rovescio, aggiungeremo noi, l'adulto infantile[47].

---

[46] F. REMOTI difende nelle opere da lui scritte e intitolate *«Contro Identità»* e *«Contro Natura»*, che alla luce dell'antropologia culturale, si può vedere che le categorie di natura umana e identità del singolo - «io» – e anche di gruppi, popoli, ecc. - «noi» - sono costrutti culturali e perciò non si può utilizzarle per fondare un discorso che sia definitivo sulla persona o popolo a cui essa appartiene oppure sugli impegni esistenziali presi da essa.

[47] M. D'AMATO, *Nasce sulla spalla di Peter Pan - La nuova industria dei sentimenti*, 24-25.

Nonostante i vari interrogativi che sono stati presentati, ai quali possiamo aggiungerne altri, nel tentativo di delineare una definizione di persona adulta occorre, comunque, prenderne una e troviamo in Nello Dell'Agli una descrizione che ci è sembrata abbastanza appropriata poiché cerca di cogliere i mutamenti biologici — «ontogenesi» — e i suoi connotati sociale — «filogenesi» — integrandoli nell'individuo in età adulta.

> Preferisco distinguere tra infanzia (fino allo sviluppo puberale: criterio fisiologico), adolescenza (fino ai fatidici diciotto anni: criterio giuridico), giovinezza (fino ai trent'anni), prima età adulta (tra i trenta e quaranta-quarantacinque anni; comunque fino alla crisi dell'età di mezzo), età adulta di mezzo (fino ai sessanta anni), tarda età adulta o anzianità (fino ai settanta), vecchiaia (dai settanta anni in su)[48].

La descrizione di Dell'Agli permette di vedere che c'è un *continuum*, quello dell'umano nell'inarrestabile processo di cambiamento — «ontogenesi» — ma, ad esso bisogna aggiungere l'inalienabile spazio per l'esercizio della libertà, giacché la persona, soprattutto nelle tappe che corrispondono all'età adulta, ha la possibilità di scegliere come viverle, considerando i progetti personali, i desideri e le trasformazioni subite dall'ambiente e provocate dalla persona con la quale il soggetto interagisce — «filogenesi» —. A questo possiamo aggiungere che l'adulto postmoderno è affascinato dalla possibilità d'essere lui stesso l'autore della propria età, perché si crede in grado di modificarla uscendo dai costrutti biologici e culturali, giacche le manifestazioni psicologiche e relazionali di un soggetto, che il calendario della vita colloca tra i 30 e i 60, anni sono solo convenzionalmente definite adulte[49].

---

[48] N. DELL'AGLI, «Tra finitudine e intelligenza relazionale», 158. in R.G. ROMANO, ed., *Ciclo di Vita e dinamiche educative nella società postmoderna*.
[49] D. Demetrio, *L'età adulta*, 26-30; 120-124.

4. Conclusione

Riprendiamo il tema dell'annunzio rivolto da San Paolo alla comunità di Corinto ed anche la teoria *stadiale* della fede elaborata da J. Fowler, perché le riflessioni intraprese da ambedue confermano il tema dello sviluppo umano e della crescita graduale della fede, presentati nei punti 2 e 3 di questo capitolo.

Guardando l'apostolo Paolo costatiamo che egli svolge simultaneamente il ruolo di catecheta e di catechista. Nel primo, attuando sul versante teoretico del Vangelo, cerca di trasmettere ai membri della comunità di Corinto gli insegnamenti di Cristo che li condurranno alla maturità spirituale. Secondo, rendendosi conto che sul versante prasseologico dell'annunzio, la didattica innescata non ha prodotto il desiderato risultato: la crescita spirituale di coloro ai quali è stato rivolto l'annunzio.

Sulla prospettiva pedagogica, l'analisi dell'azione dell'apostolo, rivela i limiti ontologici, psicologici ed esistenziali dei soggetti coinvolti nelle dinamiche di annunzio-ricezione del Vangelo ed anche fa venire a galla un sottogiacente appello alla crescita, rivolto ai protagonisti di questa vicenda: l'apostolo, nella veste di catecheta-catechista e i cristiani di Corinto, nelle vesti di catechizzandi. In verità, la trasmissione di contenuti dottrinali è sempre imperfetta; inoltre ci sono «rumori» che intervengono nel processo comunicativo umano, riducendone l'efficacia o anche compromettendone il risultato. Quindi, nell'annunzio, in quanto modalità di comunicazione, fatto da Paolo e nei difetti di ricezione dei cristiani di Corinto si palesa la incompiutezza dell'umano ma pure l'incancellabile esigenza di sviluppo che l'apostolo ambisce per la comunità.

Nell'analisi effettuata da J. Fowler si fa palese che nelle varie tappe del processo di sviluppo umano troviamo, in una misura di crescente complessità, i segni del divino e inoltre che l'individuo gradualmente definisce la sua personalità spirituale in quanto effettivamente, in ogni stadio del suo sviluppo, si apre ad essi[50]. I passaggi da uno stadio all'altro confermano i dinamismi di crescita insiti nella natura umana che spronano a chiedersi perché uno diventa adulto ma si chiude alla dimensione religiosa. Perché negli individui adulti il rapporto con il trascendente si logora e va in crisi? Perché in questi tempi si osserva una così grande indifferenza verso le domande di portata religiosa sul mistero della persona? A nostro parere le risposte a codesti interrogativi si trovano nello sviluppo come storia della singola persona, giacché ogni individuo, dai primi momenti della sua vita, consapevole o no, si confronta con quello che è definito come l'«assolutamente altro», che sebbene *«tremendum»* affascina e attira. Affrontare tali interrogativi, sulla guida di San Giovanni della Croce, è ciò che intendiamo fare nel capitolo II.

---

[50] Già Ireneo da Lyon nell'*Adversus Haereses,* IV, 11., sostiene che «Il creatore è sempre lo stesso, la creatura, invece, deve passare attraverso un inizio, una fase intermedia, una crescita, una evoluzione».

Capitolo II

Dalla schiavitù alla libertà dei figli di dio

Introduzione

Lo storico spagnolo J.D. Gaitán[51] afferma che l'espressione «Dalla schiavitù alla libertà dei figli di Dio», che noi abbiamo scelto per intitolare questo capitolo, sintetizza l'intero contenuto dell'opera *Salita del Monte Carmelo*[52], di San

---

[51] J. D. Gaitán, «Subida del Monte Carmelo», 386, 394-395 in *Introducción a la lectura de san Juan de la Cruz,* a cura di Salvador Ros.

[52] Nella stesura di questo lavoro utilizziamo la versione tradotta dal Padre Ferdinando di S. Maria O.C.D e pubblicata da Edizioni OCD/2007 e, d'ora in poi, indicata soltanto con l'espressione *Salita.* Le citazioni dall'opera saranno fatte nel corpo del lavoro e si osserva la seguente procedura: S = *Salita del Monte Carmelo,* preceduto dal numero che indica il libro, in seguito altri due numeri che corrispondono al capitolo e al paragrafo all'interno del capitolo indicato.

Quanto la genesi delle redazioni delle opere *Salita-Notte* il carmelitano Ferdinando Puttini la ricapitola così: «[...] tra il novembre del 1578 ed il 9 giugno del 1579 [giorno del suo trasferimento a Baeza] Giovanni compone la poesia "En una noche oscura". Contemporaneamente egli fa le sue istruzioni alle monache di Beas sull'unione e sui i mezzi per raggiungerla, lasciando loro alcuni appunti o avvisi scritti ed il disegno del Monte. Lo stesso accade per i religiosi, secondo il P. Giuseppe della Madre di Dio, ricevuto nell'Ordine dal Santo, che afferma: "I novizi scalzi di quei tempi si nutrivano con la dottrina" del Santo e "portavano nel breviario alcuni foglietti in cui era dipinto il Monte Carmelo". Le une e gli altri [...] gliene chiedono un'esposizione completa e sistematica. Egli, cedendo alla loro insistenza, incomincia a comporre la Salita, mentre ancora si trova al Calvario, continuandola poi negli anni passati a Baeza [1579-82]. Durante la sua permanenza in questa città universitaria, egli dà inizio anche alla stesura del commento alla Noche Oscura. Porta avanti la composizione dei due libri anche nei primi anni del suo priorato ai Martiri di Granada [1582-84] fino al momento in cui interrompe bruscamente l'uno e l'altro verso la fine del 1584».

Il parere di editori e biografi, particolarmente quelli del secolo XX, è che la composizione del trattato già si trovava conclusa prima che il santo iniziasse l'impegno di vicario provinciale di tutta l'Andalusia, periodo che va dell'anno 1585 fino al 1587. Bisogna aggiungere che fra gli studiosi di S.G.C ci sono quelli che giudicano che *Salita* dev'essere unita a *Notte Oscura* perché, secondo loro, ambedue formano una sola opera. Ma la maggior parte dei critici difende

Giovanni della Croce. In questo libro si tratteggia il percorso che va dall'uomo antievangelico che siamo, appunto schiavo del peccato, all'uomo evangelico che siamo chiamati ad essere, cioè, libero in Cristo. Il santo carmelitano ribadisce la necessità di negare il primo per arrivare al secondo, e ciò accadrà tramite la purificazione dei sensi, che precede quella dello spirito e l'apprendimento degli atteggiamenti evangelici, come sequela di Gesù, povertà evangelica, servizio al Regno, ecc. In *Salita* troviamo un canto alla libertà di spirito, alla dignità dei figli di Dio e non dimentica tutto quello che imprigiona e schiavizza la persona[53], chiamata a diventare adulta in Cristo. È l'uomo, nella sua concretezza, il centro della prospettiva sanjuanista[54] e per questo gli scritti del mistico carmelitano sono appropriati per approfondire l'itinerario di maturazione spirituale e di formazione della personalità, perché aiutano a capire la psicologia del profondo e le dinamiche che regolano la vita e l'equilibrio psicosomatico[55] della persona nel processo di sviluppo umano-spirituale.

In questo capitolo, prendendo in considerazione la sopranominata opera, vogliamo presentare alcuni elementi di ordine storico, culturale ed ecclesiale che contestualizzano la sua stesura ed aiutano a capire l'ambiente in cui ha vissuto San Giovanni della Croce. Si delimita, così, sia l'«ontogenesi» sia la «filogenesi» del mistico spagnolo, secondo la prospettiva dello sviluppo umano con le sfumature della temporalità, dell'alterità e delle circostanze. Attenti al fatto che

---

la distinzione, anche se accettano che le due opere costituiscono un unico blocco dottrinale che studia più nei particolari le prime fasi della vita spirituale. [Cf. F. PUTTINI., *Introduzione a San Giovanni della Croce*, 32, 46]

[53] J. D. GAITÁN, «Subida del Monte Carmelo», 386, 394-395 in *Introducción a la lectura de San Juan de la Cruz,* a cura di Salvador Ros.

L'opinione di J. D. Gaitán è condivisa da Juan Antonio Marcos che interpreta l'itinerario spirituale sviluppato negli scritti di Giovanni della Croce come un viaggio verso la libertà. [Cf. J. A. MARCOS, *Un viaje a la libertad San Juan de la Cruz – La experiencia mística en metáforas cotidianas]*, EDE, Madrid 2003.

[54] F. R. SALVADOR, *«Exploraciones en antropologia sanjuanista»*, 209-229 in Teresianum – Ephemerides Carmelitane, Anno XXXIV, Fasc. I.

[55] F. P. RODRÍGUEZ, *Una aproximación a la antropologia trascendente en la mística sanjuanista,* 11.

gli scritti sanjuanista seguono il ritmo e l'ordine di una vita in crescita spirituale[56] si cerca di capire il percorso verso la maturità spirituale, provando di stabilire dei punti di convergenza con la *teoria stadiale* della fede elaborata da J. Fowler per rilevare i momenti in cui tale itinerario soffre una specie di arresto o crisi, provocando l'irrobustimento oppure l'affievolimento dei rapporti con il Trascendente[57]. Concludiamo discorrendo sulle virtù teologali, che secondo il mistico carmelitano, sono mezzi che conducono gli individui, non solo alla maturazione umana e spirituale ma anche al superamento delle crisi.

1. Accenni storici

Nelle storie scritte su San Giovanni della Croce e tramandate fino ai nostri tempi, si staglia piuttosto l'uomo dell'agiografia, cioè, il santo taumaturgo, l'esorcista, l'eroe della fede e non quello della biografia, cioè, l'uomo di carne e ossa, inserito nelle vicende storiche del tempo in cui ha vissuto. Comunque, ciò non vuole dire che dalle note agiografiche non si possa ricavare la realtà storica o che le informazioni trasmesse siano false o spregevoli, ma richiedono, per una migliore comprensione del Santo di Fontiveros, di incorniciarlo nel modello di santità ed anche nell'orizzonte del tempo in cui ha vissuto, che è quello della pienezza del barocco spagnolo vissuto nella società castillana del secolo XVI/XVII, fortemente sacralizzato, ossessionato per lo straordinario, soprattutto per i miracoli, affascinato dalle reliquie; in esso le frontiere fra la società terrestre

---

[56] F. RUIZ., «Síntesis Doctrinal», 215 in *Introducción a la lectura de san Juan de la Cruz,* a cura di Salvador Ros.

[57] La parola «trascendenza» e i suoi correlati sarà utilizzata in questo lavoro con il significato che le ha dato Fernando Urbina nel libro *«Comentario a Noche oscura del espíritu y Subida al monte Carmelo, de San Juan de la Cruz»,* alle pagine 32-33 la definisce così: «La parola "trascendenza" che qui usiamo per designare il carattere proprio dell'oggetto divino, obiettivo dello spirito umano, secondo la teologia di S.J.C., e che ha una vasta storia filosofica e teologica è usata dall'autore nel poema: "Me ne entrai dove non seppi, vi rimasi non sapendo, ogni scienza trascendendo". [Traduzione dallo spagnolo] Il poema è disponibile in versione elettronica. [Cf. http://www.unavox.it/m18.htm]

e quella celeste — non dimentichiamo che una era replica dell'altra — erano praticamente inesistenti[58].

La biografia[59] del nostro santo è modesta e qui sottolineiamo soltanto alcuni fatti: nato a Fontiveros [Avila] in data incerta, probabilmente 24 giugno o dicembre del 1542. Figlio di Gonzalo di Yepes e Catalina Álvarez. Nel 1545 lo troviamo a Toledo, dopo la morte del suo genitore e nel 1548 la famiglia trasloca ad Avila e, in seguito, nel 1551, a Medina del Campo, dove inizia la sua formazione culturale e professionale come allievo nel *Colegio de la Doctrina.* Nel 1552 lavora come infermiere e chiede elemosina in favore dello *Ospedale de la Concepción* e nel 1559 lo troviamo come studente dei Padri Gesuiti.

Nel 1563 è ammesso all'Ordine Carmelitana, in Medina del Campo, prendendo il nome di Juan di San Matia e nel 1568, dopo che conclude i suoi studi di teologia a Salamanca, rientra a Medina del Campo, dove comincia a trattare con Santa Teresa degli argomenti attinenti alla riforma e il 28 novembre inaugura, a Duruelo, il primo Carmelo Teresiano. Probabilmente nella notte tra il 2 e il 3 di dicembre del 1577 inizia, a Medina del Campo, l'esperienza di prigionia che lo porterà a Toledo, dove vivrà incarcerato fino all'agosto del 1578. Riacquistata la libertà, prosegue lavorando in favore della riforma: fonda nuovi conventi, è eletto per diverse volte superiore e maestro di novizi, continua con l'attività di scrittore nel giugno del 1591, mentre si celebra il capitolo generale a Madrid e poiché sono conclusi i suoi impegni di governo, si offre per andare in Messico: cosa che non accadrà giacche, dopo un periodo di malattia è colto dalla morte, nella notte del 13/14 dicembre del 1591, nel convento della città di Ubeda.

Nel giorno 27 di gennaio del 1675 è stato beatificato dal papa Clemente X e il 27 dicembre del 1726 è dichiarato santo dal papa Benedetto XIII. Nel secolo

---

[58] TEÓFANES EGIDO, «Contexto historico», 335-340 in *Experiencia y pensamiento en san Juan de la Cruz,* a cura di F. RUIZ; *Id.*, «Claves Históricas», 59-124, in *Introducción a la lectura de san Juan de la Cruz,* a cura di SALVADOR ROS.

[59] E. PACHO, «Cronología Sanjuanista», 17-58 in *Introducción a la lectura de san Juan de la Cruz,* a cura di SALVADOR ROS.

L'ultima biografia del santo è da poco uscita in Italia: BRUNO MORICONI, *Juan de la Cruz, il prigioniero di Toledo. Juan de la Cruz poeta di Dio*, Ed. O.C.D, Roma, 2018.

scorso, il giorno 24 di agosto dell'anno 1926 è proclamato da Pio XI, dottore della Chiesa universale.

Nel breve quadro storico, che abbiamo riportato, s'inserisce la vita dell'uomo e del cristiano Giovanni della Croce, una vita di soltanto 49 anni, ma una vita che ci permette capire che lo sviluppo umano e spirituale da lui vissuto ha avuto luogo in un ambiente marcato dalla sofferenza, dalle tensioni e dalle crisi[60]. Giacche i primi tempi della sua fanciullezza sono stati vissuti in condizioni di povertà: era orfano, pellegrinava con la madre in cerca di aiuto e di migliori condizioni di vita, pativa la fame, gli fu imposto lavoro precoce, ed elemosinava per sé e per gli altri. Siamo d'accordo con Gutiérrez Martín che sostiene che l'ambiente socio-cultuale in cui si è sviluppato il Santo di Fontiveros ha operato nella configurazione della sua personalità e ha creato anche lo spazio per l'azione di Dio che

> [...] en su providencia con los hombres, aprovecha los recursos humanos y hasta materiales para conseguir sus fines. La infancia di San Juan de la Cruz, amasada en sacrificios y en austeridad de vida y trabajo, más el clima duro de la tierra, dieron a su cuerpo y espíritu un temple fuerte para sufrir y padecer por amor di Dios[61].

La conferma di ciò che è stato affermato la troviamo nella persona del santo carmelitano, come individuo consacrato. In seguito, egli ha vissuto in prima persona le difficoltà create dai contrasti fra i carmeliti dell'antica osservanza e

---

[60] «Giovanni della Croce vive e scrive con tutta la densità di una grazia, di una vita e di una cultura. Sta qui la fonte e la chiave di interpretazione della sua opera. Per entrare in comunione dobbiamo familiarizzarci con il corso della sua vita e il mondo della sua storia. Il nostro mistico rifiuta di svelarci il segreto e i momenti intimi della sua esistenza. Non scrive nulla di esperienze interiori, realizzazioni personali, incontri, circostanze, fonti. Tace. Lo fa di proposito, non per dimenticanza. Ciò nonostante, il silenzio lascia aperte alcune vie di accesso al suo mondo personale. Possediamo numerose testimonianze degne di fede sugli avvenimenti della sua vita interiore ed esterna. Disponiamo inoltre di un altro mezzo per arrivare fino all'intimità: l'autobiografia indiretta. Ha, un modo di operare cosi pronunciato e trasparente da equivalere a una confessione autobiografica. Con gesti silenziosi e impegnativi manifesta il suo essere personale e il suo progetto di vita, i suoi amori e le sue convinzioni». [Cf. F. RUIZ, *San Giovanni della Croce, mistico e maestro,* 13]

[61] «[...] nella sua provvidenza con gli uomini, fa uso delle risorse umani e persino materiale per raggiungere i suoi fini. L'infanzia di San Giovanni della Croce, impastata da sacrifici e austerità di vita e di lavoro, oltre al duro clima della sua terra, ha dato al suo corpo e allo spirito un forte temperamento per soffrire e patire per l'amore di Dio». [DARÍO GUTIÉRREZ MARTÍN, *San Juan de la Cruz – Su personalidad psicológica,* 57]. [Traduzione dallo spagnolo]

quelli della riforma di cui, insieme con Santa Teresa d'Avila, fu uno dei protagonisti[62]. Questi fatti alla fine, lo hanno portato per nove mese all'incarceramento nel convento d'Avila, dove ha sofferto la flagellazione, l'oppressione psicologica e lo stravolgimento spirituale[63]. Le tensioni fra il re di spagna e il papa, coinvolgevano gli ordini religiose, i vescovi spagnoli e i nunzi apostolici[64]. Egli visse inoltre le agitazioni provocate dall'umanesimo nascente, le lacerazioni prodotte dalla riforma protestante[65], l'applicazione del Concilio di Trento. Il Papa Giovanni Paolo II mette in risalto il fatto che le condizioni storiche ed ecclesiali in cui ebbe a vivere il santo mistico carmelitano gli offrirono

> un denso panorama di possibilità ed incentivi per il pieno sviluppo della sua fede» e aggiunge ancora che «durante la sua vita [1542-1591], la Spagna, l'Europa e l'America si aprirono ad un'epoca di religiosità intensa e creativa; è il tempo dell'espansione evangelica e della Riforma cattolica; però è anche il tempo delle sfide, delle rotture della comunione ecclesiale dei conflitti interni ed esterni. La Chiesa, in questi momenti, deve dare risposte gravi e impegni urgenti: un gran Concilio, quello di Trento, dottrinale e riformatore; un nuovo continente l'America, da evangelizzare; un vecchio mondo, l'Europa, da rinvigorire nelle sue radici cristiane[66].

Sofferenza, tensione e crisi fanno parte dei processi di sviluppo umano-spirituale e proprio quando avvengono troviamo gli elementi che palesano il succedersi dalle varie fasi della vita umana e spirituale. Ciò è confermato dal teologo italo-tedesco Romano Guardini che analizza la vita di un individuo prendendo in considerazione le relazioni che esistono tra la sua identità e i mutamenti che la medesima subisce nel corso del tempo, dovute sia alle variazioni delle condizioni esterne, sia alle sue stesse condizioni psicofisiche che

---

[62] T. ALVAREZ, «Teresa habla de Fray Juan», 401-459 in *Experiencia y pensamiento en San Juan de la Cruz*, a cura di Federico Ruiz.

[63] A. M. SICARI., Il «Divino Cantico» di San Giovanni della Croce, 110-111.

[64] O. STEGGINK, «Observancia y descalcez carmelitana», 265-292 in *Juan de la Cruz, espiritu de llama,* a cura di Otger Steggink.

[65] «Ma se anche non ne avessero detto quasi nulla [San Giovanni della Croce] su Lutero o sulla Riforma Protestanti ciò può non significare nulla a riguardo della missione che il cielo affidò nei confronti delle lacerazioni luterana» poi «il carmelitano spagnolo è la risposta cattolica alla lacerante protesta dell'ex monaco agostiniano». [Cf. A.M SICARI, *Il «Divino Cantico» di San Giovanni della Croce*, 21-27].

[66] GIOVANNI PAOLO II, *Lettera apostolica Maestro nella fede*, 5

cambiano. A tale scopo suddivide la vita in fasi: la fanciullezza, la giovinezza, l'età adulta, l'età matura e l'età della vecchiaia. La transizione da una fase all'altra non avviene in modo indolore, ma passando attraverso vere e proprie crisi che sono, nell'ordine: la crisi del distacco dal grembo materno al momento della nascita, la crisi della crescita, la crisi legata all'esperienza, la crisi del limite, la crisi legata alla consapevolezza della caducità delle cose [67]. Già il teologo Russo Paul Evdokimov, agganciandosi alla psicologia religiosa, schematizza l'evoluzione dalla vita spirituale in tre tempi: l'unità preliminare dell'essere umano, fragile e instabile; il conflitto acuto tra lo spirituale e l'empirico; infine, l'integrazione finale. La conversione, che può anche essere valutata come un momento di crisi, indica il passaggio netto da uno stato ad un altro[68].

Certo è che le crisi sconvolgono il processo di sviluppo umano e spirituale di un individuo, mettono a fuoco le situazioni in cui essi si trova, le sue convinzioni, i suoi progetti, i rapporti stabiliti con gli altri, con le istituzioni e pure con Dio. Nell'affrontarle l'individuo può uscire vittorioso, evolvendo nel cammino verso la saggezza, oppure può uscire soverchiato dalle difficoltà che non è stato in grado di superare, giustificandosi con l'autocommiserazione o facendo riferimento a principi «di comodo», che in genere lo limitano nella libertà personale, facendogli però credere esattamente il contrario, di essere cioè assolutamente libero. Ma è giustamente in mezzo alle tensioni che si verifica nel soggetto una differenziazione delle sue capacità e modalità di conoscenza, dei suoi atteggiamenti e dei suoi sentimenti, verso livelli maggiore di complessità, che gli permettono di ricrearsi, riadeguarsi, rifarsi[69]. Lo psicologo Franco Imoda sostiene che il processo di sviluppo umano, e possiamo aggiungere anche lo spirituale, «non è una lotta che ci porta fuori del mondo, ma una lotta interna al

---

[67] R. GUARDINI, *Le età della vita*, 33, 83. Cf. «Le età della vita di Romano Guardini» in http:notedipastoralegiovanile.it/ndex.php?ioption=com_content&view=a rticle&id=8254:le-eta-della-vitar-di-romano-guardini&catid=106:famiglia-ed-

[68] P. EVDOKIMOV, Le età della vita spirituale, 73-77.

[69] D. DEMETRIO, L'età adulta e pedagogia dello sviluppo, 91-92.

cuore umano e, al tempo stesso, una lotta che incarna l'incontro e lo scontro col mondo, con gli altri e con Dio»[70]. Ecco, perché, d'ora in poi ci soffermeremo sull'opera *Salita del Monte Carmelo*, nata dalla esperienza personale del Santo carmelitano e dal suo contatto con le persone che dirigeva spiritualmente, con l'intento di approfondire i dinamismi che promuovono la crescita spirituale e capirne quelli che la bloccano.

2. Salita: una dinamica di liberazione

Già nei paragrafi iniziale dell'opera *Salita* troviamo il tema dello sviluppo umano in Dio quando S.G.C afferma che la finalità dei suoi insegnamenti è quella di chiarire il percorso che l'anima[71] deve compiere per unirsi a Dio. Pur approfondendo un argomento spirituale, il Santo prende in considerazioni il suo vissuto ed anche quello di coloro che egli guida[72], come possiamo dedurre dalla lettura del *Prologo*. In *Salita* la vita spirituale viene descritta come un processo di avanzamento graduale ed organico verso l'unione con Dio e tale dinamica accade in consonanza con le leggi dello sviluppo armonico proprio della vita, giacché Dio rispetta l'ordine naturale e si adatta alla struttura umano-spirituale di ogni persona»[73].

Nella ricerca sanjuanista l'itinerario umano-spirituale è presentato in tappe o stadi che corrispondono alle divisioni tradizionali: principianti, proficienti e perfetti. Tuttavia, fra gli studiosi del Mistico Carmelitano, troviamo quelli che osservano che tale schema non è importante, giacché al Santo non interessa tanto lo stato o gli stati, ma piuttosto la crisi o il momento dinamico che funge da ponte

---

[70] F. IMODA, *Sviluppo umano, psicologia e mistero*, 167.

[71] «Evidentemente, il termine anima equivale a quella dell'uomo, ma accentuandone l'interiorità, i valori spirituali». [Cf. F. RUIZ, *San Giovanni della Croce: Il santo, gli scritti, il sistema*, 344]

[72] I destinatari dell'opera sono «frati e monache, appartenenti alla nostra santa religione dell'Ordine primitivo del Monte Carmelo»; sono stati proprio loro che hanno richiesto di scriverla e «hanno avuto da Dio la grazia di essere stati posti sul sentiero che conduce alla cima del monte perché già completamente distaccati dai beni del mondo, comprenderanno meglio la dottrina intorno alla purificazione dello spirito» [Cf. *Salita*, Pro., 9].

[73] E. PACHO, *Temi Fondamentali in San Giovanni della Croce*, 138. Cf. anche *Salita* 2,17.

tra l'uno e l'altro[74]. Nonostante ciò, il teologo spagnolo Fernando Urbina, trattenendosi nel capitolo 2°, dei libri I e II di *Salita*, descrive diacronicamente il processo di crescita spirituale secondo il suo divenire nel tempo, scandendolo però, in tre momenti: nel primo se identifica il punto di partenza, vale a dire, la purificazione degli appetiti, denominata anche «prima notte»; nel secondo si verifica la crescita del movimento, ossia, il camino della fede, identificato come seconda notte, che è la «notte passiva» della contemplazione; e finalmente, il terzo, che è il termine del movimento, dove accade l'aurora della rivelazione di Dio nell'amore, ed è proprio la «terza notte»[75]. Rimanendo sulle orme del suddetto autore, presentiamo alcuni elementi dello schema sanjuanista, senza però allontanarsi della prospettiva della liberazione dello spirito.

2.1 La purificazione dei sensi

La lettura dei libri 1 e 2 di *Salita* porta a galla la dettagliata analisi che S.G.C realizza sul ruolo dei «sensi» ed anche degli «appetiti» nell'itinerario spirituale. Cominciamo, dunque, per indicare i vari significati che la parola «sensi» riceve nella riflessione sanjuanista: appaiono come l'organo della percezione sensibile [Cf.1S 3,2; 1S 11,1] ovverosia, i cinque sensi del corpo umano; come organo della percezione interiore [Cf. 2S 12,12], cioè, la facoltà di discorrere e comporre immagini; e come situazione esistenziale, una tappa della attività spirituale nel dispiegarsi dello spirito verso la pienezza in Dio. La meditazione si costituisce nell'attività propria di questa accezione. È proprio in questo terzo significato che si verifica una specie di tensione giacché sono messi in contrapposizione senso e spirito, meditazione e contemplazione [Cf. 2S 13,5; 1N 9,4; 1N 10,1]. È questa terza sfumatura che si impone quando prendiamo in considerazione la separazione metodologica fra «notte dei sensi e notte dello spirito».

Gli «appetiti», a loro volta, identificano una tendenza affettiva che spinge al movimento e si dispiega nelle divisioni: «appetito naturale-volontario» e

---

[74] F. RUIZ, *San Giovanni della Croce: Il santo, gli scritti, il sistema*, 550, 558-559.

[75] F. URBINA, *Comentario a Noche oscura del espírito y Subida al monte Carmelo, de San Juan de la Cruz*, 30; Cf. 1S 2,1.5.

«appetito sensitivo-volitivo». Seppure tale terminologia rimanda alla scolastica, nella riflessione di S.G.C acquista un peculiare significato giacché non è semplicemente un elemento affettivo o tendenziale, circoscritto all'ambito della sensibilità, ma si costituisce nel «primo nodo» ad essere disfatto nel movimento dialettico dello spirito verso la sua pienezza. Per renderci conto della originalità di tale concetto accettiamo, sulla falsariga del Urbina, che si possa tradurlo con «fissazione», espressione che prendiamo dal discorso psicanalitico[76], per applicarla all'ambito umano-spirituale, indicando lo stallo di una pulsione che non trova sbocco. In conseguenza, il soggetto, con la paralisi dei dinamismi affettivi, resta immobilizzato, limitato ad uno stadio infantile e si arresta il movimento verso la pienezza umano-spirituale.

Il capitolo 11, del libro I di *Salita* ci permette di vedere come si passa dalla consueta comprensione di appetito ad una più originale: al principio S.G.C ripete la dottrina etico-ascetica del suo tempo [Cf.1S 11, 1-3]. Dal numero 4 in poi il termine appetito indica una struttura di ripiegamento, un ostacolo fisico o morale, una fissazione alle cose, ai gesti, agli atti e all'io del soggetto stesso che rappresenta un intralcio fondamentale nel processo di sviluppo verso la pienezza divina. Rompere questa struttura è l'atto basico di liberazione, metaforicamente espresso nell'immagine dell'uccello che solo prende volo dopo che spezza il filo che lo attacca a terra o in quella della nave che per arrivare al porto bisogna liberarsi dalle remore che la mantengono immobile [Cf.1S 11,4].

Il mezzo per liberare l'uomo dalla forza degli appetiti è la mortificazione e questa, oggi, è diventata scomoda ed è stata messa nella scatola della dimenticanza, seppure il Catechismo della Chiesa insegna che il progresso

---

[76] La psicanalisi di matrice freudiana definisce la «fissazione» come «il persistente attaccamento dell'istinto sessuale a una particolare fase dello sviluppo pregenitale». «Essa fa sì che la libido sia fortemente attaccata alle persone o ad un'immagine, riproducendo un certo modo di soddisfazione, organizzato in modo permanente secondo la struttura caratteristica di una delle sue fasi evolutive. La fissazione può essere manifesta e attuale o costituirsi in una virtualità prevalente che apre il soggetto verso una regressione». [Cf. «Sessualità infantile» in VV.AA, *Psichiatria Manuale di scienza del comportamento e psichiatria clinica*, 243; «Fijación» in Daniel Lagasche [ed.], *Diccionario de Psicoanalisis*, 157]. [Traduzione dallo spagnolo]

spirituale la comporta[77]. Forse che il motivo dell'oblio lo troviamo nel fatto che l'indifferenza verso Dio è uno degli elementi costitutivi dei tempi postmoderni; oppure che gli uomini non sono disposti a sacrificarsi in favore dei valori religiosi; o nel fatto che per secoli la sequela di Cristo viene connessa più facilmente con i temi della rinuncia, della limitazione, che non con quelli della promozione e maturità della propria umanità. Bisogna ribadire che la mortificazione dei sensi, come è proposta da S.G.C, non vuole dire annullamento degli istinti vitali, di cui tanto si compiace l'accusa anticristiana fata da Nietzsche nel capitolo conclusivo dell'opera *Ecce Homo*[78], ma terapeutica delle fissazioni che bloccano la maturazione umano-spirituale dell'uomo. Come si avvera ciò? Il principale mezzo è la fede. Comunque la guarigione è un lavoro fatto a quattro mani: quelle dell'uomo e quelle di Dio. In 1S 13,1s troviamo un principio basilare dalla pedagogia del Mistico carmelitano, ossia, quello dell'attività e quello della passività. Il primo si riferisce all'impegno ascetico che l'uomo deve sostenere e il secondo all'esigenza di aprirsi all'azione di Dio, vissuta esperienzialmente quando l'uomo entra nella «notte della contemplazione», dopo che ha superato quella «dei sensi» che abbiamo finito di descriverla.

[77] CATECHISMO DELLA CHIESA CATTOLICA, 2015.

[78] «[...] La cecità di fronte al cristianesimo è il *delitto per eccellenza*, il delitto *contro la vita*.... [...] E s'è insegnato a disprezzare i principali istinti della vita; s'è *inventata bugiardamente* un'"anima", uno "spirito" per distruggere il corpo; s'è insegnato a trovare qualche cosa d'impuro nella premessa della vita, nella sessualità; si cerca nella più profonda necessità della prosperità, nel *severo* amore di sé stessi [la parola stessa è già calunniosa!] il cattivo principio; e al contrario nel segno tipico della degenerazione e della contraddizione degli istinti, nella perdita dell'equilibrio e della personalità, nell'«amore del prossimo» [*manìa* del prossimo] si scorge un valore *più alto*, che dico! il *valore per eccellenza!*..... [...] La morale della rinuncia a sé stessi è la morale decadente per eccellenza, è la constatazione di fatto: «io vado in rovina», tradotta nell'imperativo: «*dovete* andar tutti in rovina», e *non* nell'imperativo soltanto! .... Questa, ch'è l'unica morale insegnata finora, la morale della rinuncia a sé stessi, tradisce la volontà della fine, *nega* la vita fin nella sua prima origine». [Cf. FEDERICO NIETZSCHE, *Ecce Homo: Perchè sono una fatalità,* § 7].

2.2 La purificazione dello Spirito

L'impegno per purificare i sensi intensifica il processo di «trasformazione dell'anima in Dio» [Cf.1S 1,3; 1S 2,6]. A questo traguardo l'uomo non può arrivare per sé stesso, perché non riesce, ma dev'essere condotto da Dio [Cf.1S 1,5; 4,5] che lo introduce nella notte passiva, secondo momento della pedagogia sanjuanista. Ci accingiamo, quindi, ad analizzarlo.

Nel libro 3°. di *Salita*, capitoli 35 e 36, troviamo una potente analisi del comportamento religioso dei credenti: si svelano situazioni di esteriorità e i falsi atteggiamenti, l'attaccamento della volontà agli oggetti sacri, come statue, dipinti, ecc.; si denuncia le pratiche scrupolose e quasi magiche dei riti e i pellegrinaggi piuttosto per passatempo che devozione, a discapito della vera pietà, che porta alla preghiera e all'adorazione di Dio. Queste pratiche lasciano lo spirito nel vissuto superficiale della fede, situazione che diventa ancora più grave quando si sviluppano le fissazioni oppure quando il meccanismo mentale elabora rappresentazioni de Dio che sgorgano dai contesti vitale e sociale dove l'individuo è inserito, anziché dalla contemplazione del Dio Uno e Trino. La riflessione sanjuanista acquista ancora più attualità quando si ricorda che gli psicologi contemporanei osservano che, durante il proprio sviluppo, gli individui producono una rappresentazione di Dio idiosincratica ed altamente personalizzata. I materiali con cui si elaborano tali riproduzioni sono estratti dai rapporti stabiliti, sia con gli altri, sia con gli oggetti, dalle rappresentazioni dell'io in sviluppo, dal sistema di convinzioni e del suo ambiente. Non è più possibile fare sparire questa complessa rappresentazione, dopo che si è formata; si può soltanto rimuoverla, trasformarla o usarla[79].

Il Santo Dottore classifica con acribia i vari tipi di rappresentazioni che possono diventare ostacoli all'uomo credente, poi lo paralizzano e arrestano il movimento di liberazione dello spirito verso Dio. Possiamo elencarli in due principali tipi: il primo si denomina «naturale» e sono le immagini o concetti di

---

[79] ANDRÉ GODIN, citato da J.-F. CATALAN, *Esperienza spirituale e psicologia*, 24-25; ANA MARIA RIZZUTO, *La nascita del Dio vivente*, 179.

Dio prodotti e proiettati da noi stessi, i cui materiali sono provenienti dall'interazione con il gruppo sociale a cui si appartiene — parole, pratiche culturali, abiti acquisiti, immagini religiose, pratiche pie e devozionali —.

Il secondo possiamo chiamarlo «soprannaturale», le immagini sono impresse nello spirito per una via «straordinaria» e indicano le visioni, le rivelazioni, le locuzioni e i sentimenti spirituali [Cf. 2S 10-12]. Lo Urbina precisa che il contenuto della parola «soprannaturale» in S.G.C si avvicina a quello impiegato dagli studiosi delle religioni, cioè, una figura «luminosa» che entra nella coscienza tramite una via diversa di quella normale o quotidiana, la cui origine può essere divina o demoniaca[80].

L'antropologia contemporanea descrive spesso l'umanità come una «fantastica fabbrica di immagini di Dio». Già per il filosofo Ludwig Feuerbach Dio è la proiezione gigante dei grandi desideri dell'uomo[81]. Perciò l'uomo continuamente «crea Dio a sua immagine e somiglianza». Da lì nascono le tante immagini della divinità: «grande architetto», «motore immobile», «grande mago», che dovrebbe risolvere tutti i problemi, giudice severo che esige tanti sacrifici, macchinetta che eroga servizi se si paga, energia diffusa, destino capriccioso che bisogna cercare di arginare e sfruttare. Un'idea della religione così diffusa nel senso comune ritorna spesso nelle esperienze personali[82]. Dall'altra parte la riflessione sanjuanista ci aiuta a capire che la vita spirituale matura attraverso il cambiamento e di essa fanno parte l'identificazione e l'eliminazione delle false immagini di Dio. Nel processo di liberazioni di tali rappresentazioni si intrecciano i vari ambiti della vita umana — lo spirituale e lo psicologico, i rapporti con Dio e la struttura di finitezza umana, l'interiorità e le condizioni

[80] F. URBINA, *Comentario a Noche oscura del espírito y Subida al monte Carmelo, de San Juan de la Cruz*, 60.

[81] LUDWIG FEUERBACH, *L'essenza del Cristianesimo*, 27,34,39. «l'essere assoluto, il dio dell'uomo, è l'essere stesso dell'uomo»; «[...] la religione cristiana, è l'insieme dei rapporti dell'uomo con se stesso» in conseguenza «tutti le qualificazioni dell'essere divino sono perciò qualificazioni dell'essere umano» «ed allora anche l'esistenza di Dio, anche la fede nell'esistenza di un qualsiasi dio è un antropomorfismo, una proiezioni assolutamente umana».

[82] F. G. BRAMBILLA, *Antropologia Teologica*, 47-50; GIOVANNI MEUCCI., *Le false immagini di Dio*.

storiche in cui essa si sviluppa — giacché [...] «gli apporti mistici non creano l'uomo, ma semplicemente lo trovano già plasmato e nemmeno lo sottraggono con le loro migliorie al campo dell'analisi antropologica[83]».

Con un atteggiamento prudenziale S.G.C ribadisce la necessita dell'anima di rigettare codesti fenomeni [Cf. 2S 11,7-8] per non cadere nella trappola di identificare il mistero del Dio Uno e Trino con immagini, idee o sentimenti religiosi prodotti da se stessa, che sbarrano il movimento e il desiderio dello spirito e, oltre a ciò, presenta dei criteri che aiutano a discernere la presenza o non del vero Dio: — l'imperativo di mantenere il principio generale dalla liberazione da qualsiasi fissazione psichica o spirituale; — il desiderio e la percezione degli atti di amore a Dio sono più preziosi delle visioni e comunicazioni che si possono ricevere dal cielo; — la supremazia della Parola rivelata in Cristo sulle rivelazioni particolare [Cf. 2S 11, 16 e 22].

In questa tappa la lotta dei proficienti è quella di liberarsi dalla materialità immediata e rozza richiamata dai sensi ed anche dalle eccitazioni sensitive degli appetiti. Il risultato è che si acquisisce una maggiore consapevolezza di sé stesso e dei propri dinamismi psicologici per affrontare ostacoli più raffinati: le fissazioni paralizzanti sulle rappresentazioni religiosi e sul proprio io. Con tale approccio il Santo Carmelita vuole [...] «sondare la qualità dell'amore e diagnosticarne il male, non tanto quello grossolano e visibile a occhio nudo, ma il cancro che si nasconde tra le misteriose e profonde pieghe dell'essere[84]» e si passa così all'ultima tappa dello sviluppo umano in Dio, che è quella della purificazione dalla profondità psichica e spirituale dell'individuo religioso.

---

[83] F. RUIZ, *San Giovanni della Croce: Il santo, gli scritti, il sistema*, 345.

[84] R. RUBINO, *Terapeutica dell'affettività – Lettura antropologica-spirituale del dittico Salita-Notte di San Giovanni della Croce*, 35, 129.

2.3 La purificazione dell'io religioso

Si suppone, mantenendoci sulla scia del Mistico Carmelitano, che quelli che arrivano a questo stato sono coloro che hanno scelto di vivere la vocazione religiosa monacale [Cf. *Prologo di Salita*] e che, vissute le tappe dalla purificazione dei sensi e dello spirito, si trovano adesso a combattere le raffinate tentazioni dello spirito. Così, estirparti i difetti dei principianti o della vita sensitiva, sorpassate le fissazioni e le false immagine di Dio che intrappolano i proficienti, resta ancora il compito di purificare quella zona più recondita dell'apparato interiore antropologico, definita appunto dalla scienza moderna come inconscio, dalla quale sgorgano tutte le azioni buone e cattive dell'uomo[85]. È proprio questo il contenuto della 3° notte, come descriviamo d'ora in poi prendendo, però, in considerazioni il libro della *Notte Oscura*[86] dove S.G.C ha particolarmente approfondito tale argomento.

Corrobora e attualizza la riflessione sanjuanista i costanti avvertimenti del papa Francesco sulle deviazioni umano-spirituali di «[...] persone che trovano sempre giustificazioni, perfino spirituali, per continuare a percorrere indisturbati la strada della perdizione» e ancora esorta il Pontefice che «[...] tutti noi quindi, per far risplendere la luce di Cristo, abbiamo il dovere di combattere ogni *corruzione spirituale*, che è peggiore della caduta di un peccatore, perché si tratta di una cecità comoda e autosufficiente dove alla fine tutto sembra lecito: l'inganno, la calunnia, l'egoismo e tante sottili forme di *autoreferenzialità*»[87].

---

[85] *Idem*, 176-179.

[86] Fino alla fine della stesura del punto 3.2 abbiamo utilizzato l'opera *Salita* giacché essa palesa i «nodi» cruciali del processo di sviluppo umano-spirituale in Dio, dai più grossolani ed esterni a quelli più insidiosi e interiori. Già nell'opera *Notte Oscura* si mettono a fuoco i mali inconsci dell'uomo, chi per essere guariti bisogna che essi accetti di sottomettersi all'azione terapeutica divina, che agisce nel soggetto abbandonato passivamente a tale azione. [Cf. R. Rubino., *Terapeutica dell'affettività – Lettura antropologica-spirituale del dittico Salita-Notte di San Giovanni della Croce*, 17]. Le citazioni dall'opera saranno fatte nel corpo del lavoro e si osserva la seguente procedura: N = *Notte Oscura*, preceduto dal numero che indica il libro, in seguito altri due numeri che corrispondono al capitolo e al paragrafo all'interno del capitolo indicato.

[87] PAPA FRANCESCO, *Discorso alla Curia Romana per gli auguri di Natale*, Venerdì, 21 dicembre 2018.

Comunque si può anche aggiungere che se uno davvero vuole impadronirsi del processo di crescita umano-spirituale per dedicarsi alla vita spirituale e apostolica o anche ingaggiarsi nelle cause civili, politiche, ecologiche, ecc., per riuscire deve sostenere un faticoso processo di maturazione umano-spirituale, di cui fanno parte l'impegno di autoconoscenza e la lotta per liberarsi dalle passioni e dalle fissazioni psichiche.

Riprendendo il sentiero tracciato dall'Urbina si ricorda che S.G.C nella prima parte del libro *Notte Oscura* recupera l'argomento dei «peccati capitali», identificando le «passioni spirituali» in essi presenti, per sottometterle all'analisi morale e fenomenologico, e così mettere a fuoco il vissuto di coloro che si predispongono ad intraprendere un percorso spirituale o che già lo vivono per aiutarli a capire che dietro a pietosi atti spirituali, buone devozioni, bei discorsi

---

A guisa di illustrazione ricordiamo che nella presentazione degli auguri natalizi alla Curia Romana, nel 22 dicembre 2014, il Pontefice fa un elenco dalle «malattie curiali» che sono anche «malattie umano-spirituali»: «1. La malattia del sentirsi "immortale", "immune" o addirittura "indispensabile", trascurando i necessari e abituali controlli. 2. La malattia del "martalismo [che viene da Marta], dell'eccessiva operosità: ossia di coloro che si immergono nel lavoro, trascurando, inevitabilmente, "la parte migliore": il sedersi ai piedi di Gesù [cfr *Lc*10,38-42]; 3. C'è anche la malattia dell'"impietrimento" mentale e spirituale: ossia di coloro che posseggono un cuore di pietra e la "testa dura" [cfr *At*7,51]; di coloro che, strada facendo, perdono la serenità interiore, la vivacità e l'audacia e si nascondono sotto le carte diventando "macchine di pratiche" e non "uomini di Dio" [cfr *Eb*3,12]; 4. La malattia dell'eccessiva pianificazione e del funzionalismo: quando l'apostolo pianifica tutto minuziosamente e crede che facendo una perfetta pianificazione le cose effettivamente progrediscano, diventando così un contabile o un commercialista; 5. La malattia del cattivo coordinamento: quando le membra perdono la comunione tra di loro e il corpo smarrisce la sua armoniosa funzionalità e la sua temperanza, diventando un'orchestra che produce chiasso, perché le sue membra non collaborano e non vivono lo spirito di comunione e di squadra; 6. C'è anche la malattia dell'"alzheimer spirituale": ossia la dimenticanza della propria storia di salvezza, della storia personale con il Signore, del «primo amore» [cfr *Ap* 2,4]; 7. La malattia della rivalità e della vanagloria: quando l'apparenza, i colori delle vesti e le insegne di onorificenza diventano l'obiettivo primario della vita; 9. La malattia delle chiacchiere, delle mormorazioni e dei pettegolezzi; 10. La malattia di divinizzare i capi. È la malattia di coloro che corteggiano i Superiori, sperando di ottenere la loro benevolenza; 12. La malattia della faccia funerea, ossia delle persone burbere e arcigne, le quali ritengono che per essere seri occorra dipingere il volto di malinconia, di severità e trattare gli altri – soprattutto quelli ritenuti inferiori – con rigidità, durezza e arroganza; 13. La malattia dell'accumulare: quando l'apostolo cerca di colmare un vuoto esistenziale nel suo cuore accumulando beni materiali, non per necessità, ma solo per sentirsi al sicuro; 14. La malattia dei circoli chiusi, dove l'appartenenza al gruppetto diventa più forte di quella al Corpo e, in alcune situazioni, a Cristo stesso; 15. E l'ultima: la malattia del profitto mondano, degli esibizionismi, quando l'apostolo trasforma il suo servizio in potere, e il suo potere in merce per ottenere profitti mondani o più poteri».

religiosi, lungo tempo di preghiera, penitenze e dedizione apostolica si possono nascondere imperfezioni, vizi sottili e impalpabili che corrodono lo sviluppo in Dio dell'uomo credente[88].

Il suddetto autore, prendendo spunto da *Notte Oscura* 1,2 impernia nell'«orgoglio spirituale» la sua riflessione, basandola nella denuncia fatta da Gesù dei comportamenti farisaici [Cf. Lc 18,11-12 letteralmente citato in lN 2,2], per sostenere che tale atteggiamento è il più grave e sottile; da esso scaturisce la fissazione narcisistica dell'io, sorgente di tutte le altre passioni, filo di metallo, che mentre non si spezza, incolla alla terra l'uccello dello spirito[89] giacché intacca la capacità di amare, che si costituisce nel «punto di partenza che il Dottore mistico sceglie come nucleo centrale della sua dottrina: «Deut. 6,15: *"Amerai il Signore con tutto il tuo cuore, con tutta la tua anima, con tute le tue forze"*. In questo testo è contenuto tutto ciò che l'uomo spirituale deve fare e che io devo insegnargli per avvicinarsi veramente a Dio in unione di volontà, mediante la carità [Cf. 3S 16,1][90]».

Adduce anche il Dottore Mistico altri difetti di coloro che si trovano in questa tappa: «la avarizia spirituale» dove si verifica che l'io, concentrandosi nella propria soggettività, per vanità e bisogno di riconoscenza altrui, vuole impossessarsi dei beni spirituali. San Giovanni della Croce sapeva riconoscere nei fedeli i segni di cupidigia spirituale: evoca, per esempio, quelli che sono «insaziabili di libri che trattano di spiritualità». E precisa: «Ciò che rimprovero è l'attaccamento del cuore, l'importanza attribuita alla fattura o al numero e alla bellezza degli oggetti, cose molto contrarie alla povertà di spirito» [Cf. 1N 3].

La «gola spirituale» [Cf. 1N 6], tema già approfondito nel 2°. Libro di *Salita*, porta a galla il ruolo dei sentimenti e dei piaceri prodotti dalla vita di preghiera, della liturgia, dalla penitenza corporale, ecc. «Sono i più imperfetti, gente senza

---

[88] F. URBINA, *Comentario a Noche oscura del espírito y Subida al monte Carmelo, de San Juan de la Cruz*, 64-68.

[89] Idem, 69; R. RUBINO, *Terapeutica dell'affettività – Lettura antropologica-spirituale del dittico Salita-Notte di San Giovanni della Croce*, 126, 147.

[90] R. RUBINO, *Terapeutica dell'affettività – Lettura antropologica-spirituale del dittico Salita Notte di San Giovanni della Croce*, 76.

criterio». Così definisce S.G.C coloro che incorrono in questo vizio giacché pospongono la sottomissione, l'obbedienza a Dio e il richiamo della sincera conversione alla ricerca di ciò che è piacevole nel vissuto cristiano, sia nell'ambito personale che in quello ecclesiale[91]. Dalla «gola spirituale» scaturisce l'«accidia» [Cf. 1N 7] che si verifica nel fatto che l'anima, oltre ad infantilizzarsi, è dominata dai propri gusti e sentimenti, rigetta d'essere condotta dalla ragione verso i valori che la condurranno alla «adultità spirituale». Risultato è che si indeboliscono le energie per il faticoso lavoro di sviluppo in Dio. Tale analisi amplifica quella già fatta nel 1°. libro di *Salita*, capitolo 10, dove S.G.C fa capire l'effetto deleterio degli appetiti materiali per la crescita umano-spirituale dell'individuo.

La diagnosi delle cattive abitudini non è ancora finita; il Santo Dottore dirige il suo sguardo verso coloro che presentano comportamento di «aggressività e invidia spirituale» [Cf. 1N 5 e 7]; facendo loro capire che tali atteggiamenti risultano dal fatto che lo spirito, chiudendosi in sé stesso, cerca compensazioni esterne — prestigio, potere, riconoscenza, spirito di dominio e di possesso della ragione —, infine percepisce il vuoto ed è preso dalla frustrazione.

In *Notte Oscura* 1, 4 il Santo Dottore si sofferma sulla «lussuria spirituale». Il teologo spagnolo Fernando Urbina, riflettendo su questo tema, dà un doppio avvertimento: il primo è che il titolo sembra non essere più adatto allo sviluppo dell'argomento, giacché si mette in risalto le dissociazioni affettive delle persone religiose, in cui le pulsioni erotiche entrano in conflitto con l'unità spirituale dell'anima, inquinando il processo di sviluppo in Dio e creando malessere e disaggi che si ripercuotono non solo nell'ambito personale, ma pure nella

[91] Sembra che l'esistenza di tale inclinazione si verifica nelle pratiche che accadono, purtroppo, in alcune chiese brasiliane, che sotto il pretesto di attirare sempre di più i fedeli, finiscono per sottomettere l'etico all'estetico e così le celebrazioni cristiane diventano spettacoli o *marketing*; i ministri sacri si comportano come *showman*, i canti sono eccessivamente soggettivisti e edulcorati e tutto ciò contribuisce per sviluppare una spiritualità epidermica, che ritarda il processo di conversione personale, indebolisce la dimensione profetica della Parola di Dio e l'impegno sociale della comunità ecclesiale.

struttura ecclesiale[92]. A comprova di ciò, i recenti scandali provocati da preti pedofili e anche il fatto che il disaggio affettivo dei consacrati riceve ampia attenzione delle specialiste nelle scienze umane[93]. Il secondo è che S.G.C affronta con oggettività e lucidità la questione delle dinamiche sessuali malate, senza però cadere nella condanna ossessiva. Atteggiamento abbastanza presente nei compendi di teologia della sua epoca.

In modo riassuntivo abbiamo cercato di capire come S.G.C., individuando i mali suscitati dalle deviazioni dei sensi e degli appetiti, è riuscito a precisare che anche questi attecchiscono nelle pieghe più profonde dell'essere. La diagnosi rimane ancora nell'ambito dell'uomo sensitivo, soprattutto nella sua dimensione psicologica, in una tappa ancora lontana dalla meta, anche se «previa, ordinariamente indispensabile, e mezzo remoto per l'unione con Dio[94]». Il carmelitano Federico Ruiz sostiene che nel processo di crescita spirituale

> purificazione e unione si trasformano così in attività permanente e coestensive del cammino spirituale, seppure frammiste tra loro in proporzione assai diversa. Conseguentemente, tutto il cammino è unione, ma al contempo, tutto è purificazione. La purificazione rappresenta l'elemento fugace e transitorio, tendente a disporre per un futuro migliore; l'unione invece è la mèta parzialmente ormai raggiunta[95].

Ci sono ancora per l'uomo, in processo di sviluppo umano-spirituale, tante strade da percorrere, soprattutto per la guarigione delle summenzionate malattie. La prognosi per il risanamento è fatta dal Santo Dottore nel libro 1°. di *Salita*,

---

[92] F. URBINA, *Comentario a Noche oscura del espírito y Subida al monte Carmelo, de San Juan de la Cruz*, 72-73.

[93] A titolo di illustrazione cito i vari libri scritti del psicologo e insegnante al Teresianum, di Roma, GIUSEPPE CREA, dove questo argomento viene affrontato: *Pedofilia e prete – Dal trauma degli abusi al bisogno di rinnovamento*, Bologna, 2010; *Le malattie della fede – Patologia religiosa e strutture pastorali,* Bologna, 2014; *Tonache ferite – Forme di disagio nella vita religiosa e sacerdotale,* Bologna, 2015; *Preti e suore oggi – Come riconoscere e prevenire i problemi,* Bologna, 2012.

[94] R. RUBINO, *Terapeutica dell'affettività – Lettura antropologica-spirituale del dittico Salita-Notte di San Giovanni della Croce*, 149; E. PACHO, *Temi fondamentali in San Giovanni della Croce*, 224.

[95] F. RUIZ, *San Giovanni della Croce: Il santo, gli scritti, il sistema*, 564.

capitolo 13 dove presenta cinque raccomandazioni: 1°. Indirizzare la forza dei vari appetiti disordinati verso un unico oggetto: quello dell'imitazione di Cristo in ogni sua azione [Cf. 1S 3]; 2°. Vivere una serrata sobrietà nell'uso dei sensi esterni per amore di Cristo [Cf. 1S 4]; 3°. Contrastare le passioni tramite il desiderio di nudità, privazioni e povertà, sempre per amore di Cristo, al fine di tendere alla libertà [Cf. 1S 5-6]; 4°. Esercitarsi nella mortificazione della concupiscenza [Cf. 1S 9]; 5°. Tendere al nulla per ritrovare il tutto [Cf. 1S 11][96]. Vivere tali consigli non solo irrobustirà il processo di sviluppo umano-spirituale ma schiude lo spazio per l'incremento della vita teologale, «[...] mezzo prossimo di comunicazione con Dio sul piano dinamico della vita in tutti i suoi istanti»[97]. Approfondire il ruolo delle virtù è il compito che intraprendiamo nel prossimo punto.

3. La vita teologale

I commentatori del Santo di Fontiveros affermano che il discorso sulla vita e sulle virtù teologali si costituisce in uno degli aspetti più originali della sua dottrina[98]; seppure il Santo non abbia dato all'argomento una trattazione sistematica, è innegabile che l'aspetto dinamico della fede, della speranza e della carità sono indispensabili per lo sviluppo della vita spirituale [Cf. 2S 8,2-3].

La vita teologale è dunque un modo d'essere in Dio e anche l'auto svelamento dalla propria persona nell'azione in Dio: — individuo in processo di purificazione e sviluppo [Cf. 1S 9,4; 2S 6,6; 7,5] — e, allo stesso tempo, indica come la persona deva essere — ciò che sarò: individuo in unione con Dio [Cf. 2S 6,6; 2N 21, 11-12] — infine «il fine di una vita virtuosa», appunto vita teologale, «consiste nel divenire simili a Dio[99]». La vita teologale è prettamente esperienziale-teologale-cristica e ciò si manifesta nel fatto che la concretezza esistenziale che essa possiede sgorga del vissuto della fede, dell'amore e della

[96] R. RUBINO, *Terapeutica dell'affettività – Lettura antropologica-spirituale del dittico Salita-Notte di San Giovanni della Croce*, 191-209.
[97] E. PACHO, *Temi fondamentali in San Giovanni della Croce*, 286.
[98] Idem, 284; F. RUIZ, *San Giovanni della Croce: Il santo, gli scritti, il sistema,* 623.
[99] CATECHISMO DELLA CHIESA CATTOLICA, 1803.

carità che sono virtù interdipendenti [Cf. 2S 24,8] perché si verificano insieme quando si realizza la vita spirituale [Cf. 2N 21,11]. Il realismo delle virtù culmina nella sequela di Gesù Cristo [Cf. 2S 7-8], che è la nostra fede, nostra speranza e nostra carità; ma è al contempo anche la rivelazione, la promessa e l'amore di Dio e tutto ciò fa la sua apparizione quando si incarna nella vita dell'uomo[100]. Tuttavia, l'«amore di Dio» per essere posseduto e goduto, richiede all'anima di «spogliarsi e denudarsi per il Signore di tutto ciò che non è Lui» [Cf. 2S 5,7] e ciò vuol dire «porre all'oscuro le potenze dell'anima di tutto ciò che esula dal campo di tali virtù» [Cf. 2S 6,6]. Quindi, nella impalcatura sanjuanista, le virtù teologali, approfondiscono il processo di liberazione dell'uomo dallo imprigionamento delle

> [...] inclinazioni naturale e dell'abitudine che lo hanno condotto ad identificarsi con i propri criteri, coi sui punti di vista, coll'orientamento da lui impresso alla sua vita. Ora, quando si trova obbligato a sganciarsene per lasciare il passo a criteri della vita divina, gli sembra di disintegrarsi e cadere nel nulla: tanto si sente connaturalizzato con le proprie passioni e i propri parametri di giudizio[101].

Il cammino-proccsso proposta da S.G.C richiede che colui che lo vive sia capace di mantenere lo slancio per adattarsi al Divino [Cf. 3S 36,3] e perciò il lavoro di questa tappa è quello di purificare le potenze dall'anima; a ciascuna infine tocca una delle virtù. L'intelligenza deve occuparsi della fede [Cf. 2S 9,1], poi la fede guida e conduce alla contemplazione [Cf. 2S 10,1] e dona il suo contenuto [Cf. 2S 24,4], che è il proprio Dio [Cf. 1S 2,2]. La memoria, una altra potenza, è collegata alla virtù della speranza. Per capire il suo ruolo bisogna ricordare che nello itinerario sanjuanista quello che si vuole è unire l'anima a Dio e finché ciò accade bisogna svuotare l'anima di tutto ciò che non è Dio. La funzione della memoria è quella di conservare il passato e giustamente è in questa mansione che interviene la speranza, impedendole di attaccarsi a tutto ciò che è labile [Cf. 2S 6,2]. Inoltre «quanto più la memoria si spoglia, tanto più acquista speranza; quanto maggior speranza possiede, tanto maggiore unione con

---

[100] F. RUIZ, *San Giovanni della Croce: Il santo, gli scritti, il sistema*, 520.
[101] *Ibidem*, 522.

Dio raggiunge, poiché, relativamente a Lui, quanto più spera, più ottiene» [Cf. 3S 7,2]. Perfino la volontà, che governa le potenze dall'anima [Cf. 3S 16,2] è protesa all'amore-carità, che la purifica. Ed è anche la forza motrice di tutta la vita spirituale, perché induce a cercare il bene delle persone amate — Dio e il prossimo — senza aspettarci nulla in cambio.

Insomma, lo schema della *Salita* si attiene in linea generale a questa divisione: alle tre potenze spirituale corrispondono le tre virtù teologale. A ciascuna potenza fa riscontro una virtù: intelligenza-fede, memoria-speranza, volontà-amore-carità. Le loro vicendevoli relazioni sono definite in termini di oggetto e soggetto: la virtù è l'oggetto spirituale della potenza; questa, a sua volta, è il soggetto in cui s'innesta la virtù. Bello è costatare che gli insegnamenti di S.G.C godono di grande attualità e squisitamente risuonano nella forma più completa nella dottrina conciliare sulla santità universale. È d'accordo con *Lumen Gentium* 41, dove l'unione con il Dio Uno e Trino sprona il credente alla *sequela Christi*, ad essere vissuta sotto il dinamismo delle virtù teologali[102], che sono imprescindibili per ri-creare l'uomo in Dio.

4. Similitudine e contrasto fra S.G.C e J. Fowler

La riflessione fatta fino ad ora ci ha aiutato a capire il processo di maturazione umano-spirituale concepito da S.G.C.; nel rapportarlo anche con il vissuto spirituale degli uomini del nostro tempo, evidenziando così la sua attualità. Come ultimo punto di questa ricerca si propone un confronto fra il pensiero del Mistico Carmelitano e quello del J. Fowler, già presentato nel primo capitolo, con l'intenzione di evidenziare somiglianza e contrasti. Come asse dalla riflessione mettiamo la «fede», elemento nodale nella riflessione del Mistico Carmelitano e anche nello studio del ricercatore nord-americano.

---

[102] F. RUIZ, *San Giovanni della Croce: Il santo, gli scritti, il sistema*, 508, 520, 515; CONCILIO VATICANO II, *Lumen Gentium*, 41 [Cf. «Nei vari generi di vita e nei vari compiti una unica santità è coltivata da quanti sono mossi dallo Spirito di Dio e, obbedienti alla voce del Padre e adorando in spirito e verità Dio Padre, camminano al seguito del Cristo povero, umile e carico della croce, per meritare di essere partecipi della sua gloria. Ognuno secondo i propri doni e uffici deve senza indugi avanzare per la via della fede viva, la quale accende la speranza e opera per mezzo della carità»].

Alla luce dell'intuizione heideggeriana possiamo sostenere che i summenzionati autori mettono in evidenzia una specie di itinerario che rivela l'«esser-ci» dell'uomo, cioè, il modo in cui concretamente [fenomenologicamente] l'essere dell'uomo si dà nella storia: per esempio, nel processo di sviluppo umano-spirituale. Le metafore del movimento in *«salita»*, che troviamo in S.G.C e quella degli *«stadi»*, teorizzati da J. Fowler, portano a galla il medesimo fatto: l'uomo anelando consapevolmente ad un significato per la propria esistenza, compie ogni sforzo per trovarlo e, incontrandolo, si mette in moto per acquistarlo. Per il Santo di Fontiveros ciò accadrà nella misura in cui risponde alla voce dell'Eterno, che dall'interiorità dell'uomo, invita a crescere e a maturare [Cf. 2S 17,4]. Già il ricercatore nord-americano sostiene che la conquista dell'agognato senso si verificherà quando l'uomo ottiene e dona alla propria esistenza un significato che pervade i suoi valori, le sue scelte, gli impegni presi[103]. Insomma, tutta la vita.

Per i summenzionati autori la forza motrice di questo processo è proprio la «fede». Tuttavia, le loro formulazioni possiedono accentuate differenze. Ci apprestiamo a dimostrarli: per il Dottore Carmelitano la fede ci mette davanti al Dio della rivelazione cristiana, colui che in Gesù Cristo si manifesta pienamente nella carne e nella storia [Cf. 2S 9,1][104]. É con questo Dio, che si rivela [Cf. 2S 27, 1] nella storia umana, che l'uomo è chiamato ad entrare in comunione vivendo un percorso che sollecita la sottomissione dalla sua sensibilità alla fede, poiché è essa che veramente lo conduce a Dio [Cf. *Salita* Pro. 3-7; 1S 14; 2S 17], «conforme alla loro natura andando dal più basso ed esteriore fino al più alto e

[103] J. W. FOWLER, *Estágios da Fé: A psicologia do desenvolvimento humano e a busca do sentido,* 24.

[104] «Penso che si possa chiaramente affermare che, in *Salita*, Cristo è il centro della fede di cui si parla e, senza di lui, questa fede è pura entelechia o pura soggettività; qualcosa contro quello che Juan de la Cruz combatte in ognuna delle pagine di quell'opera». Cf. J. D. GAITAN, «"La fe que escala y penetra hasta lo profondo de Dios en el libro Subida del Monte Carmelo"», 205, in FCO. JAVIER SANCHO FERMÍN-RÓMULO CUARTAS LONDOÑO ed., *Subida del Monte Carmelo de San Juan de la Cruz – Actas del I Congresso Mundial Sanjuanista,* Burgos, 2018] [Traduzione dallo spagnolo]

interiore» [Cf. 2S 17,4] per così rinascere, nello Spirito[105], come spiega S.G.C, sulle orme del Vangelo di Giovanni [Cf. Gv. 3,5]:

> rinascere nello Spirito, in questa vita, vuol dire avere una anima somigliantissima a Dio in purezza, senza alcuna mescolanza di imperfezione. In tal modo si può giungere per partecipazione ed unione a trasformarsi puramente in Dio, sebbene ciò non avvenga essenzialmente [Cf. 2S 5,5].

J. Fowler, da parte sua, prendendo avvio non dalla tradizione e dalle Sacre Scritture — come ha fatto S.G.C — ma attingendo ai teologi Niebhur e Tilich e ai psicologi Piaget e Erikson «[...] descrive in termini formali gli aspetti strutturali della fede, intesa come un modo per costruire, interpretare, e rispondere agli elementi di contingenza, finitudine e definitività delle nostre vite[106]».

La fede, per il Santo Dottore è una delle tre virtù teologali, giacché rende l'uomo capace di vivere in relazione con il Dio Uno e Trino. Già il ricercatore nord-americano, soffermandosi sulla «parte umana» della fede, vuole dimostrare come essa si sviluppa secondo uno schema stadiale e non si preoccupa di palesare i contenuti del credere, ma piuttosto le modalità d'essere religiosi e dunque la qualità dell'esperienza religiosa nella sua globalità.

Il Fowler e S.G.C. coincidono nel fatto che, nelle loro riflessioni, l'uomo in evoluzione umano-spirituale è una persona a cui si possono applicare i parametri di alterità, temporalità, circonstanzialità, fasi di sviluppo. Sono d'accordo, pertanto, che la dinamica di evoluzione della fede accade in consonanza con la maturazione della nostra umanità. È vero che l'oggetto della fede, soprattutto per il Mistico Spagnolo e non tanto per il ricercatore americano, non è un prodotto

---

[105] «C'è una chiara relazione tra lo Spirito Santo e la sua funzione di farci addentrare nel mistero di Cristo, del Cristo totale, e mai separato da lui. È ciò che appare chiaramente affermato [in 2S 29, 6-7] quando il nostro mistico dice che è vero che lo Spirito può, in un momento o in un altro, illuminarci su una verità o un'altra, ma che tutto questo è sempre parziale, e come un metallo basso rispetto all'oro che è l'illuminazione del mistero totale di Cristo». Cf. *Idem*, 209-210.

[106] Per un resoconto più dettagliato di questi stadi, vedi James W. Fowler, *The Psychology of Human Development and the Quest for Meaning*, editata in Brasile con il titolo *Estágios da Fé - A Psicologia do Desenvolvimento Humano e a Busca do Sentido*, São Leopoldo, Sinodal, 1992, particolarmente dalla pagina 109 alle 177 e anche dello stesso autore *Diventare adulti. Diventare cristiani*, 80-99.

umano: Dio, Cristo, il Vangelo. Comunque, la risposta suscitata nell'uomo/donna o comunità [*la fides qua*], dipende dall'insieme delle condizioni che portano all'accoglienza o non della fede annunciata. Per lo studioso americano la fede risulta dall'interazione tra un ambiento favorevole e le potenzialità dell'uomo, sbocciate lungo l'intero arco della sua esistenza e funge da stimolo per la maturazione decisionale dell'individuo verso il fatto religioso. — Ovverosia, quello che noi cattolici identifichiamo con la questione teologica dell'opzione fondamentale verso la fede in Dio —. Già, il Mistico Carmelitano, seguendo l'apostolo Paolo [Cf. Rm 10,17], sostiene che la fede è conoscenza, che l'anima acquisisce, di quello che entra per mezzo dell'udito [Cf. 2S 3,3; 4,4; 27,4; CB 14,15] tramite la predicazione o trasmissione dai contenuti oggettivi della fede. La fede è anche «oscura», non nel senso che sia irrazionale, ma in quanto i suoi contenuti sono rivelati; essa è anche «luce» che eccede le capacità umane [Cf. 2S 3,1] e imprescindibile per l'uomo che sceglie di schierarsi dalla parte di Dio.

La fede richiede il concorso della intelligenza per evitare il ripiegamento su sé stessa e per sorpassare i propri limiti. Ecco perché il nostro Mistico approfondisce il ruolo dalla ragione nel nostro cammino verso Dio e raccomanda all'uomo di «allontanarsi dai pensieri che sono irrazionali» [Cf. 3S 6,3][107]. Se pure non si sofferma propriamente sull'argomento della razionalità della fede, possiamo, comunque, desumere dalla sua lettura che il Fowler ritiene che «la

[107] Il parere del carmelitano spagnolo José-Damian Gaitán è che il discorso articolato da S.G.C. sulla fede combacia con le riflessioni fatta dai teologhi odierni. Conferma ciò il numero 12 della dichiarazione intitolata «La teologia oggi: prospettive, princìpi e criteri» prodotta dalla Commissione Teologica Internazionale che, al numero 12, afferma che «la fede, quindi, è esperienza di Dio che comporta la conoscenza di Lui, in quanto la rivelazione dà accesso alla verità di Dio che ci salva (cfr *2 Tm* 2,13) e ci rende liberi (cfr *Gv* 8,3)]. Paolo scrive ai Galati che, in quanto credenti, "hanno conosciuto Dio, anzi da lui sono stati conosciuti" (*Gal* 4,9; cfr *1 Gv* 4,16). Senza la fede sarebbe impossibile penetrare questa verità, perché essa è rivelata da Dio. La verità rivelata da Dio e accettata nella fede, inoltre, non è qualcosa di irrazionale. Piuttosto dà origine al "culto spirituale (*logikè latreia*])" che Paolo afferma comportare un rinnovamento del modo di pensare (*Rm* 12, 1-2). Dalle opere della creazione, con l'ausilio della ragione, possiamo conoscere che Dio esiste ed è uno, Creatore e Signore della storia, secondo una lunga tradizione che ritroviamo nell'Antico (cfr *Sap* 13,1-9) come nel Nuovo Testamento (cfr *Rm* 1,18-23). Tuttavia è solamente attraverso la fede che possiamo conoscere che Dio si è rivelato attraverso l'incarnazione, vita, morte e risurrezione del suo Figlio per la salvezza del mondo (*Gv* 3,16), e che Dio nella sua vita interiore è Padre, Figlio e Spirito Santo».

fede sia inesauribilmente misteriosa» ma anche che essa può essere setacciata dalla ragione, che svela le dinamiche che le sono proprie, per mezzo delle quale l'uomo crea e dona un senso alla propria vita[108]».

L'uomo descritto nei vari capitoli di *Salita* è un essere limitato nelle sue capacità. Tale constatazione risulta dall'analisi fatta del ruolo dei sensi e degli appetiti che, se non sono purificati, intralciano il processo di sviluppo umano-spirituale, intrappolano l'anima nell'auto-inganno prodotto dai dinamismi psicologici, la imprigionano nei mezzi materiali o nelle false devozioni. Per non cadere in ciò, S.G.C insiste nel valore della Parola di Dio, in cui dobbiamo incorniciare il mistero della vita, e nella mediazione della Chiesa [Cf. 2S, 22]. Anche l'uomo che compare nell'opera *The Psychology of Human Development and the Quest for Meaning,* e quale il progresso umano, psicologico e spirituale si vuole descrivere, è una creatura piena di limiti che si palesano nella misura in cui passa dall'uno stadio all'altro della fede. A guisa di illustrazioni si ricorda che già il fatto di venire al mondo reca con sé una minaccia di negazione nel nostro proprio essere: gli studiosi spiegano che, anche nel passaggio attraverso il canale uterino, in una nascita normale, il neonato quasi soffoca. E che cosa possiamo dire delle tensioni che si verificano nel tempo adolescenziale quando si crea uno spartiacque tra la fede come adesione al contesto in cui si vive [socializzazione] e fede come adesione personale, cioè, come riferimento al personale progetto di vita e, per finire, il faticoso impegno che ci raggiunge nell'età adulta: integrare gli elementi in noi che possiedono un apparente carattere di contradizione: ad esempio: individualità e responsabilità per gli altri, desiderio di vivere e la coscienza della morte, ecc.

---

[108] J. W. FOWLER, *Estágios da Fé: A psicologia do desenvolvimento humano e a busca do sentido*, 10.

Conclusione

Cercando di capire lo sviluppo umano-spirituale della persona adulta ci siamo avvicinati, nel capitolo precedente, alle opere del teologo metodista James W. Fowler, che nel libro *The Psychology of Human Development and the Quest for Meaning,* si concentra sulla concretezza della esperienza religiosa, nel suo costituirsi e nel suo trasformarsi nell'arco della vita. In questo capitolo, ci siamo lasciati condurre da San Giovanni della Croce, che ha scritto il libro *Salita del Monte Carmelo*, nel quale abbiamo trovato l'argomento della purificazione dell'anima in due fasi distinte, corrispondenti alle due parti dell'uomo: senso e spirito, con la finalità di approdare all'unione di amore con Dio.

Quello che si constata è che S.G.C., come un «anatomista dell'anima», smembra l'organismo psicologico dell'uomo, identificando i suoi punti deboli, nell'intento di gradualmente rettificarlo. Tale intervento rende accessibili alla intelligenza umana i momenti di svelamento-occultamento dell'umano in Dio o di Dio nell'umano, che si interpenetrano e si unificano in reciproca tensione.

La «dissezione» realizzata dal Dottore Carmelitano possiede un carattere preventivo giacché si vuole evitare l'arresto dello sviluppo umano-spirituale, la chiusura alla dimensione religiosa e pure il succedere delle crisi spirituali nella vita adulta, motivo di logoramento del rapporto con il trascendente. Nella diagnosi delle «malattie dell'anima» si applica il principio dell'ontologia tomista, secondo cui l'azione di ogni ente dipende dalla natura dell'ente stesso e, forse ancor di più, dal fatto che essere è, in sé, un atto. Ora, dall'essere in atto deriva appunto l'essere attivo e per questo la ricerca sanjuanista arriva fino al campo delle facoltà e delle operazioni, svelando gli elementi integranti della poliedricità dell'uomo[109].

---

[109] TOMMASO D'AQUINO, *Summa contra Gentiles*, I, 43, 2 «*Ex hoc ipso quo aliquid actu est, activum est: Per il fatto stesso di essere in atto, un ente è attivo*»; F. RUIZ, *San Giovanni della Croce: Il santo, gli scritti, il sistema*, 399.

Riteniamo che sia importante capire sia la struttura umano-psichica o sia quella umano-spirituale dell'uomo, giacché ambedue determinano la dialettica tra azione umana e divina, protesa alla divinizzazione e all'eclissi dell'umano. Il percorso sviluppato fino a questo punto ha rivelato che l'adesione alla fede e la appartenenza alla comunità cristiana sono condizionate dalla complessa strutturazione della personalità. Ecco, che proprio qui si schiude la dimensione pastorale, chiamata a prospettare in termine di vissuto cristiano, lo sviluppo umano-spirituale dell'individuo non solo in ordine ai contenuti e attività cristiane ma anche in ordine alla progressiva strutturazione degli atteggiamenti cristiani [fede, speranza, carità] che pur essendo doni soprannaturali, sono tuttavia radicati in una loro "matrice" umana. Crediamo che da questa intuizione si possa desumere una proposta pastorale che, facendo dello sviluppo umano-spirituale la sua asse, conduca i credenti del nostro tempo ad un'esperienza di profondità, di senso della vita, d'incontro con la chiesa e con il Dio Uno e Trino, che nel Cristo, Uomo-Dio, si fa compagno di viaggio nei sentieri della storia umana. Una proposta pastorale che intendiamo abbozzare nel terzo capitolo sulla crescita spirituale in Cristo.

CAPITOLO III

Attraverso le crisi diventare cristiani

Introduzione

Nella stesura di questo scritto, approfondendo i temi dello sviluppo umano-spirituale e le sue crisi, ci siamo messi sulle orme dell'apostolo Paolo e del teologo James Fowler. Dal primo abbiamo imparato che crescere nello Spirito implica, per chi ha deciso di diventare adulto in Cristo, di vivere le crisi che incidono nell'itinerario umano-spirituale; dal secondo abbiamo appreso che lo sviluppo spirituale della persona umana accade in consonanza con quello umano-psicologico. Coadiuvati da San Giovanni della Croce, e alla luce della sua opera *Salita del Monte Carmelo*, abbiamo cercato di palesare i «nodi» che emergono e intralciano tale percorso. Rimettendoci nuovamente sulle orme di San Paolo, abbiamo cercato di capire le tappe del percorso umano-spirituale che egli ha proposto ai Galati, per riproporle, a nostra volta, in chiave pastorale, arricchite con gli insegnamenti del Concilio Vaticano II e del Papa Francesco, con un particolare sguardo all'esortazione apostolica *Gaudete et Esultate* che tratta, appunto, della chiamata alla santità nel mondo contemporaneo.

1. La lotta per comunicare la vita di Cristo

Il nostro principale riferimento in questo paragrafo è l'apostolo Paolo che, spinto dal desiderio di annunziare Gesù, con materno atteggiamento si rivolge a «tutti i fratelli dalle chiese della Galazia» [Cf. Gal 1,2] manifestando loro il desiderio di «partorire nel dolore finché Cristo possa rinascere nei loro cuori = τέκνα μου, οὓς πάλιν ὠδίνω μέχρις οὗ μορφωθῇ Χριστὸς ἐν ὑμῖν» [Cf. Gal 4,19]. Il lavoro di San Paolo, in favore loro, può essere definito come un «ministero che comunica la vita» e ciò si può dedurre dal fatto che è stato proprio lui che, usando la metafora della «donna che partorisce» — «ὠδίνω», si affatica per ridonare ai Galati la «vita di Cristo» da cui hanno voluto allontanarsi. Ma cos'è la vita in Cristo e come ha fatto l'apostolo a trasmetterla? Quali mezzi sono stati utilizzati e come Paolo li ha impiegati? Per trovare la risposta a queste ed altre domande, e per vedere il percorso delineato da Paolo per riportare i Galati alla sequela di Gesù, andremo ad analizzare proprio gli scritti paolini.

Troviamo, fra le righe della Lettera ai Galati, lo sgomento dell'apostolo provocato dal fatto che gli sono pervenute notizie secondo cui forse, alcuni che erano passati dal giudaismo al cristianesimo, e si erano introdotti nelle comunità cristiane, imponevano l'osservanza sia della legge mosaica che delle tradizioni giudaiche. [Cf. Gal. 1,6; 2,4; 3,1]. I cristiani della Galazia avevano accolto Cristo tramite la predicazione di Paolo, ma purtroppo, dando ascolto ai giudaizzanti [Cf. Gal 2,14], si azzardarono a «finire con la carne, dopo di aver incominciato con lo Spirito = ἐναρξάμενοι πνεύματι νῦν σαρκὶ ἐπιτελεῖσθε» [Cf. Gal. 3,3]. Ecco perché Paolo interviene: per riportare i Galati al vero Vangelo, rigenerandoli una seconda volta, giacche essi, cambiando il Vangelo, hanno abbandonato il Padre [Cf. Gal 1,6; 5,8] e rotto il rapporto con il Signore [Cf. Gal 5,4].

Quello che Paolo vuole è che «tutti i fratelli dalle chiese della Galazia» [Cf. Gal 1,2] si liberino dalla concezione giudaizzante della fede in Cristo; ciò significa scrutare l'atto "spirituale", che viene dallo Spirito e, nllae parola di un uomo, quindi dell'apostolo Paolo, riconoscere la Parola stessa di Dio; parola che ha acquistato forza trasformatrice dall'esistenza di Gesù e, *mutatis mutandis*, in quella dei suoi inviati[110], che, prima di trasmetterla, l'hanno accolta e sperimentata.

Accettare che nella parola di un uomo si nasconde la Parola di Dio porta all'atto particolarmente sottolineato nella lettera ai cristiani di Tessalonica: «Noi rendiamo continuamente grazia a Dio perché, ricevendo la parola di Dio che vi abbiamo fatto udire, l'avete ascoltata non come parola di uomini, ma quale è veramente, come parola di Dio, che opera in voi credenti = ἡμεῖς εὐχαριστοῦμεν τῷ θεῷ ἀδιαλείπτως, ὅτι παραλαβόντες λόγον ἀκοῆς παρ' ἡμῶν τοῦ θεοῦ ἐδέξασθε οὐ λόγον ἀνθρώπων ἀλλὰ καθώς ἐστιν ἀληθῶς λόγον θεοῦ, ὃς καὶ ἐνεργεῖται ἐν ὑμῖν τοῖς πιστεύουσιν» [Cf. 1Ts 2,13].

Le azioni compiute da Paolo in favore dai Galati rivelano che è proprio lui a portare, alle genti prima ancora che fossero scritti così come li conosciamo, i Vangeli di Gesù e ancora di più, lui steso è stato rigenerato dalla Parola di Dio che in Cristo si è fatto carne [Cf. Gal 1,15-16]. Ecco perché, il suo obiettivo è quello di ridonare la vita ai Galati riportandoli a Gesù Cristo. La dinamica innescata dall'apostolo assomiglia a quella che si verifica tra Cristo e suo Padre. Ed è proprio al Padre Celeste, il Santo per antonomasia, che Cristo ci rinvia dicendo: «Come il Padre ha mandato me, anche io mando voi = καθὼς ἀπέσταλκέν με ὁ πατήρ, κἀγὼ πέμπω ὑμᾶς» [Cf. Gv 20,21]. Dunque, prima che Gesù diventasse Vangelo, cioè, parola che comunica i detti e i fatti relativi alla sua vita — *Verbum Domini* —, egli stesso si è fatto Vangelo di Dio, cioè Parola che ci dona la vita, perché è mandata dal Padre — *Verbum Dei* —; Paolo, inviato da Gesù e assumendo il suo stile, diventa «parola di Gesù» — *Verba Iesu* —; per i Galati poi, Saulo da Tarso non c'è più, c'è Paolo apostolo, anzi c'è Cristo che vive in lui [Cf. Gal 2,20]. Il discepolo di Gesù sarà veramente un figlio di Dio solo se, a sua volta, genera gli altri alla libertà. Il processo, nel suo insieme, è permeato da una *spiral dynamics* dove le tappe si interpenetrano e ciascuno dei protagonisti rinvia ad altro. Ciò può essere verificato nell'itinerario intrapreso dalla Parola che: esce da Dio Padre, diventa ascoltabile in Cristo, per essere

---

[110] C. THEOBALD, *Lo Stile della vita cristiana*, 7.

accolta da Paolo che, alla fine, la trasmette ai Galati[111] per farli diventare in Cristo figli di Dio.

> Quando perciò qualcuno si trova improvvisamente invitato ad andare fino in fondo alla propria umanità, mettendo la sua limitata esistenza in gioco per gli altri, il silenzio che lo avvolge gli ricorda "l'assenza di garanzia" delle sue decisioni; la beatitudine che allora può mettersi a parlare in lui — e attorno a lui — lo rende uguale a quel Dio che non desidera nulla se non che la sua libertà e la sua gioia sgorghino in seno a una moltitudine[112].

Facendo della prassi paolina l'asse portante della nostra riflessione, ritroviamo in essa le categorie che sono state approfondite nel punto 2, del 1° Capitolo di questo lavoro: temporalità, circostanzialità, alterità e il suo dispiegamento nelle varie fasi del processo di crescita umano-spirituale. Inoltre, i menzionati elementi appaiono nell'itinerario umano e spirituale prospettato dall'apostolo per i cristiani della Galazia. Tale itinerario è scandito in tre tappe: la prima tappa è quella della «pre-figurazione», cioè, quando la parola di Dio viene incontro ad un individuo umano dovutamente storicizzato, circonstanziato nel suo sviluppo umano-spirituale; la seconda è quella della «con-figurazione», cioè, dell'accettazione di Cristo come modello e l'articolazione fra il suo *ethos* e quello dell'individuo in processo di crescita umano-spirituale; e infine la terza quella della «post-configurazione», cioè, della continua ricerca della santità di Dio in Cristo nella vita personale e comunitaria dell'individuo. In realtà, in ogni tappa, oppure nel suo insieme, è Dio stesso che è all'opera nel lavoro umano.

L'azione pastorale iniziata dall'apostolo rivela non solo gli impegni, le delusioni, gli scoraggiamenti, le sconfitte e le vittorie vissute in favore del Vangelo, nel caso dei cristiani della Galazia, ma porta a galla l'incontro fra Dio, che in Gesù si fa visibile [Cf. Gv 12,45], e l'uomo nel suo *hic et nunc*, schiudendo così un nuovo orizzonte e un nuovo senso, cioè la vita in Cristo, traguardo della vita teologale, vissuta sotto la guida dello Spirito [Cf. Gal 5, 16-18;25]. L'uomo rinato in Cristo diventa una sintesi vivente della dottrina giacché, assimilando i contenuti dell'annunzio, li traduce in termini etico-esistenziali. Nella semantica paolina tutto ciò potrebbe essere identificato con il passaggio

---

[111] R. MEYNET, «Quelle rhétorique dans l'Épître aux Galates? Le cas de Ga 4,12-20», 3, 22.
[112] C. THEOBALD, *Il cristianesimo come stile – Un modo di fare teologia*, Vol. 2, 626.

«dall'uomo vecchio all'uomo nuovo» oppure «dalla vita nella carne alla vita nello Spirito» o ancora nel faticoso impegno di «partorire una altra volta» i cristiani della Galazia. La santità di Dio, tramite la sequela del Figlio, diventa realtà nell'esistenza dell'uomo e così si conferma che soltanto «[...] l'ingresso sempre unico nell'esperienza di santità come manifestazione storica dell'universalità di Dio — unico = *monos* — [Cf. l'impiego di *monos* nel quarto vangelo: Gv 1, 14.18; 3,626. 16.18; 5,44; 6, 15.22; 8, 16.29; 12,24; 16,32; 17,3] perché santo — può attraversarla vittoriosamente[113]».

Nelle profezie del cosiddetto Secondo Isaia [cap. 40-55], profeta anonimo del VI sec. a. C. la cui opera è entrata nel libro del grande Isaia [VIII sec. a. C.], l'acqua, unita alla neve, diventa un segno della parola di Dio, senza la quale l'esistenza umana si tramuta in un deserto sterile. Ciò che il profeta vuole marcare è soprattutto la fecondità e l'efficacia di questa parola, comparata al processo naturale della pioggia, dell'evaporazione, delle nubi e della nuova pioggia. È un ciclo vitale che trasforma la nostra vicenda umana quasi in una parola divina capace, a sua volta, di rendere fertili altri ambiti della storia[114]. Potrebbe essere, giustamente, questo il motivo per cui il tema della santità continua a ricevere attenzione, anche dai pensatori che si trovano fuori dell'orbita cristiana cattolica, come il noto sociologo ebreo Zygmunt Bauman, che in uno dei suoi ultimi libri, dedicato al delicatissimo tema della «sorveglianza» nella postmodernità, conclude il suo ragionare con un richiamo ad esso: «Purtroppo, non possiamo essere tutti santi. Ma senza la presenza dei santi, non saremmo umani... Essi ci mostrano la via: ci dimostrano che incamminarci è possibile;

[113] *Ibidem*, 634.

[114] «Nella prospettiva cristiana la santità mostra una straordinaria forza umanizzatrice e una robusta offerta di senso e di speranza. Essa non toglie né forze, né vita, né gioia. Al contrario, "ci libera dalle schiavitù e ci porta a riconoscere la dignità" nostra e altrui (n. 32). "Ogni cristiano, nella misura in cui si santifica, diventa più fecondo per il mondo" (n. 33). La santità non ci rende meno umani, perché essa è l'incontro della nostra debolezza con la forza della grazia (n. 34)». [Cf. ANDREA LEBRA, «*"Gaudete et exsultate": ripensare la santità*», in Settimana News].

sono fitte della coscienza per noi che non vogliamo o non sappiamo imboccare la via, e seguirla[115]».

Questa riflessione non vuole essere una specie di silloge della prasseologia paolina anzi, rimette a ciò che è l'oggetto della teologia spirituale: il vissuto cristiano come esperienza di santità storicizzata. A guisa di illustrazione giova ricordare che Atanasio, nella Vita di Antonio, «dà al suo protagonista il titolo di "uomo di Dio" perché lo considera un'esplicitazione di ciò che significa la perfezione cristiana, identificata con la divinizzazione. Antonio è cioè la manifestazione personale di ciò che significa la celebre formula, difesa da Atanasio in campo dogmatico: "il Verbo di Dio si è fatto uomo, perché l'uomo possa diventare Dio"[116]». Chiarito ciò, rimane adesso il compito di profilare una proposta di itinerario di santità che, considerando l'uomo nel suo processo di maturazione umano spirituale, di cui fanno parte la fede, le crisi ed anche il faticoso sforzo di purificazione, lo porti ad accogliere oggigiorno il richiamo alla santità che gli è rivolto dal suo Dio: «siate santi, perché io, il Signore vostro Dio, sono santo» [Cf. Lv 19, 2]. Tale esortazione, che nell' Antico Testamento viene indirizzata a Mosè, viene successivamente ripresa da Cristo nel cosiddetto Discorso della Montagna: «Siate voi dunque perfetti come è perfetto il Padre vostro celeste» [Cf. Mt 5, 48] e diviene dono e compito per quelli che hanno ascoltato e accolto la novità portata da Gesù e che si sono messi alla sua sequela [Cf. Mt 19, 21].

---

[115] Z. BAUMAN-D. LYON, *Sesto potere: la sorveglianza nella modernità liquida*, 150.

[116] M. I. RUPNIK, *Secondo lo Spirito – La teologia spirituale in cammino con la chiesa di papa Francesco*, 40.

2. Le crisi come elementi di una pedagogia della misericordia

Il percorso che abbiamo tratteggiato in questa ricerca ha portato a galla il fatto che i processi umani e spirituali, pur mantenendo la loro specificità, si incrociano, si compenetrano e, alla fine, sfociano nell'esperienza di santità. Il santo è una sintesi vivente della maturità umana e di quella spirituale, elevata al suo più alto livello. L'originalità di tale processo è innegabile, «Dio conduce ciascuna anima per una via diversa, talché difficilmente troverà uno spirito che nel modo di procedere convenga solo a metà con il modo di procedere di un altro. Infatti chi come San Paolo avrà il dono di farsi tutto a tutti, per guadagnare tutti? [Cf.1Cor 9,22][117]».

Rimane comunque il fatto che, nella misura in cui la vita spirituale è quella di un soggetto umano, essa è pur vita umana e deve poter rivelarsi mediante certi segni distinguibili e osservabili[118] che permettono non solo di identificare arresti e avanzamenti ma, soprattutto, di insegnare come si può vivere tale processo di unificazione dell'umano con lo spirituale. A nostro avviso, un tale impegno può essere impostato in termini pedagogici, ovverossia, nei modi che chiariscono tutto ciò che contribuisce a facilitare l'apprendimento di una scienza, di un ufficio o di un'arte e di un modo d'essere[119], soprattutto se accettiamo d'innescare le dinamiche raccomandate da Papa Francesco ai vescovi latino-americani, denominate da lui stesso *pedagogia della misericordia*. Ma in che consiste tale proposta? Alla domanda rispondiamo con le stesse parole del Pontifice:

> Consiste nell'agire verso gli altri non con paura ma con la speranza di trasformazione». Perciò «incoraggia, stimola, guarda al domani, genera spazi di opportunità, [...] pone l'accento sulla fiducia, sull'apprendere, sull'alzarsi; sul cercare sempre di generare nuove opportunità; sul volto della persona, sulla sua vita, sulla sua storia, sulla sua quotidianità. Non si sposa con un modello o con una ricetta, ma possiede la sana libertà di spirito di cercare il meglio per l'altro, nel modo in cui la persona può capirlo. L'azione basata sulla speranza di trasformazione è

---

[117] S. GIOVANNI DELLA CROCE, *Fiamma viva d'amore*, 3, 59.
[118] J.-F. CATALAN, Esperienza spirituale e psicologia, 13.
[119] L. J. GONZALEZ, *Pedagogia della Santità*, 19.

un'intelligenza inquieta che fa palpitare il cuore e dà urgenza alle nostre mani. Palpito al cuore e urgenza alle nostre mani. Il cammino che va dal cuore alle mani[120].

La riflessione sul summenzionato testo permette di stabilire dei punti di contatto fra le tappe del processo di «ri-generazione» in Cristo, proposto dall'apostolo Paolo ai Galati, e gli elementi costitutivi di una *pedagogia della misericordia*, prospettati da Papa Francesco. Ci accingiamo quindi a renderli evidenti, palesando come si possa collegare la prassi pastorale dell'apostolo alla riflessione pedagogica del Vescovo di Roma. La proposta abbozzata dal Santo Padre può anche essere presentata in tre tappe:

La prima è indirizzata all'uomo, che si presenta aperto alla trasformazione. Perciò si getta su di lui uno sguardo di speranza che schiude le innumerevoli opportunità di crescita. Dunque, a questa condizione possiamo collegare il tempo della «pre-figurazione», dove ci è stato rivelata la situazione in cui Paolo incontrò i Galati, aperti alla novità di Cristo; la seconda è quella del tempo, dove la quotidianità diventa spazio di «ri-facimento» dell'individuo in Cristo. A questa tappa corrisponde il secondo momento dell'azione paolina in favore dei Galati, cioè, la «ri-configurazione» in Cristo; alla fine, la terza tappa consiste nel proseguire nel cammino che annoda il cuore con le mani, che promuove cioè l'unificazione dell'uomo. Tale impegno echeggia nel terzo momento dell'agire paolino, quando ai Galati è proposta la ricerca continua della Santità di Dio in Cristo, ovverosia la «post-configurazione».

Nella stesura di questo lavoro abbiamo dimostrato che il processo di sviluppo spirituale accade in consonanza con quello umano — 1°. Capitolo — e anche che in tale sforzo di maturazione possono capitare crisi o arresti al soggetto che lo vive — 2°. Capitolo —. Adesso, alla luce della prasseologia paolina e dalla provocazione pedagogica di Papa Francesco, vogliamo indicare alcuni elementi di una proposta pedagogica orientata allo sviluppo umano-spirituale: l'oggettivo, i connotati e il tempo in cui accade l'azione pedagogica, e i risultati che ci si

---

[120] PAPA FRANCESCO, *Videomessaggio in occasione del Giubileo Straordinario della Misericordia nel continente americano*, Bogotà, 27-30 Agosto 2016.

augurano. L'approfondimento di tali punti sarà fatto sulla base degli insegnamenti del Concilio Vaticano II e di Papa Francesco, tenendo in particolare considerazione l'esortazione apostolica *Gaudete et Esultate* che tratta, appunto, della chiamata alla santità nel mondo contemporaneo.

2.1 Le note spirituali per diventare cristiani

La storia umana è anche la storia delle modalità con cui Dio ci incontra nelle mediazioni che Egli stesso ha voluto, nelle possibilità che i vari aspetti del mistero offrono[121]. Così, quando si riflette sull'uomo, non possiamo considerarlo soltanto sotto il profilo ontologico, ma bisogna vederlo nella sua concretezza, ovvero storicamente situato. Insomma, trattasi di vedere l'uomo «qui», in questo mondo «qui»[122]. Il mondo è dove si verifica l'epifania «[...] dell'esserci dell'uomo, dell'essere-nel-mondo, dell'essere-corporeo [*Leibhaftig-sein*], e ciò costituisce il presupposto dato per antonomasia di ogni conoscenza, esperienza, apparenza della realtà nella sua costituzione[123]». Perciò una proposta pedagogica orientata allo sviluppo umano-spirituale, d'ora in poi identificata con il nome di ***pedagogia della misericordia***, è quella che è capace d'avere uno sguardo spirituale sull'uomo come tale, in tutta la sua concretezza reale.

Papa Francesco considera con vivissima attenzione il fatto che l'umano è in crescita [si potrebbe dunque parlare di un'antropologia dello sviluppo della persona, Cf. *E.G.*, 169] e perciò esiste uno stretto legame tra la possibilità di pienezza dell'esistenza umana e le opportunità concrete offerte dalla nostra epoca per raggiungerla [Cf. *E.G.*, 1]. Qui entra in scena il tema del «discernimento» che è tanto caro a papa Bergoglio: tale nozione infatti ha giocato un ruolo centrale nel suo approccio alla vita[124]. Una *pedagogia della misericordia* sprona non alla *fuga*

[121] R. GUARDINI, *«Il realismo cristiano»*, Humanitas 2 (1975]30, 95-101.

[122] CONCILIO VATICANO II, *Gaudium et Spes*, 3; A. A. SUAREZ, «Nuove istanze antropologico-spirituali nella riflessione della Gaudim et Spes» in BRUNO MORICONI (ed.], *Antropologia Cristiana, Bibbia, teologia, cultura*, 421.

[123] P. HÜNERMAN, Uomini secondo Cristo oggi — L'antropologia di Papa Francesco, 32.

[124] G. WHELAN, «Il metodo teologico di Papa Francesco» in Michelina Tenace [ed], *Dal chiodo alla chiave – La teologia fondamentale di Papa Francesco*, 114-117

mundi ma, nel mondo, ci aiuta ad individuare quello che è di Dio, ciò che è conveniente e buono per noi; di conseguenza quello che non è di Dio va respinto, mentre si deve fare attenzione per comprendere la sua volontà non in astratto, ma in quel momento specifico, in quel determinato stato di vita.

Nell'*Evangelii Gaudium* si scopre che un taglio educativo compenetra l'intero discorso del Papa. Dalle pagine dedicate allo stile dell'evangelizzatore si possono dedurre i tratti caratteristici di colui che si assume il compito di accompagnare, nel percorso di maturazione umano-spirituale, un altro individuo. Lo possiamo denominare maestro, guida, direttore, accompagnatore, ecc; deve poter essere: paziente, perché deve gradualmente introdurre al mistero; capace di correggere e di aiutare a crescere, per cui si presenta con disposizione alla crescita e impegnato nella missione [Cf. 134, 172, 173]. È a lui che compete capire e interpretare l'azione di Dio nell'orizzonte esistenziale dell'individuo. È da precisare che ciò che compie è un'opera soprannaturale e non una terapia psicologica, seppure ci si augura che abbia una soddisfacente conoscenza, sia dei dinamismi psicologici umani che dei problemi ad essi connessi.

Dobbiamo ribadire sempre: «cristiani si diventa, non si nasce[125]», così come nella teologia in generale, anche il taglio pedagogico sul vissuto cristiano risponde non solo alle esigenze di crescita, ma anche a quelle della *sequela Christi*, che richiede: la comprensione dei dati della fede che si professa; l'essere ecclesiale, che spinge a rendere conto della propria fede [Cf. 1Pt 3,15]; l'impegno con i propri fratelli nella fede [2Tm 4,2], affinché «tutti gli uomini siano salvati e arrivino alla conoscenza della verità» [Cf. 1Tm 2,4]. Quanto ai tratti generali di una *pedagogia della misericordia* possiamo suggerire quanto segue. Essa risulta essere: *Unificatrice della persona e della sua realtà*. Perciò

Nel magistero di Papa Francesco il tema del discernimento ha assunto una rilevanza evidente: esso rappresenta non solo una metodologia pastorale, ma costituisce una vera e propria indicazione dottrinale. Gli elementi fondativi del discernimento, dal punto di vista ecclesiologico, si trovano in *Evangelii Gaudium*; la sua declinazione pastorale, nella prospettiva della teologia morale, è reperibile in *Amoris Laetitia*. Già l'esortazione *Gaudete et Exsultate* si conclude con un capitolo dedicato alla vita spirituale come «combattimento, vigilanza e discernimento».

[125] TERTULLIANO, *Apologetico*, 18, 4.

integrale. Ciò vuole dire che la persona è considerata nelle sue varie dimensioni: umana, spirituale, psicologica, ecc. Si evita così di andare verso i riduzionismi, come per esempio: il materialismo, che nega all'uomo il diritto di coltivare la sua dimensione spirituale; oppure, l'interesse economico, che vede nella persona solo un produttore e consumatore di beni e di servizi. *Animatrice della sequela Christi, attraverso il discernimento:* cercando, sì, di prendere decisioni radicate nel Vangelo, ma orientandosi con i segni dei tempi, con l'intuito di arrivare a ciò che Dio vuole, considerando le ansie, i progetti, i sogni di ogni individuo. *Promotrice della crescita umana e spirituale.* Il teologo Rafael Checa è di opinione che la «[...] formazione spirituale è l'anima di tutta la formazione cristiana», e questa è proprio il perno di una *pedagogia della misericordia* ed è anche *conditio sine qua non* di una spiritualità che vuole favorire il «dinamismo di crescita globale della persona che la vita di Dio in noi determina[126]».

Ciò premesso, e considerando che la prassi pedagogica coinvolge l'uomo concreto, si impone la necessità di indicare una concezione ontologica che funga da sfondo teorico a questi schizzi. Comunque, non vogliamo contrapporre il naturale al soprannaturale, la grazia alla natura, il tempo all'eternità, l'individuale al sociale, ecc. Anzi, le contrapposizioni fanno parte dell'esistenza umana e, invece di essere respinte, vanno integrate. Si tratta piuttosto di decidere se l'azione pedagogica sia di ordine naturale o sociale o le due cose allo stesso tempo.

Se scegliamo la prima, l'azione pedagogica di ordine naturale, sottometteremo l'azione pedagogica al principio della stabilità e della regolarità della natura, per cui la ricerca pedagogica tenderà a cogliere, di là dalle contingenze storico-sociali, le costanti naturali del processo educativo basate sulla costituzione biologica dell'uomo. Così, si tenderà ad affermare che ci sono principi o leggi perenni che si devono scoprire o ricostruire[127]. Se rimaniamo in questo cammino si finirà per irrigidire lo slancio esistenziale e mistico dell'esperienza spirituale e,

---

[126] R. CHECA, La pastorale della spiritualità cristiana, 157.
[127] MASSIMO BALDACCI, «La realtà educativa e la ricerca-azione in pedagogia», 388 390.

oltre a ciò, questi abbozzi assumerebbero un taglio nomotetico. Giova ricordare la raccomandazione fatta dal Vescovo di Roma ai teologi, quella di «trasmettere il sapere, e offrire una chiave di comprensione vitale, non un cumulo di nozioni non collegate tra loro» e, aggiunge ancora il Pontefice, la Chiesa oggi non ha «bisogno di una sintesi ma di una atmosfera spirituale di ricerca e di certezza, basata sulle verità di ragione e di fede[128].

Se invece si vede la prassi pedagogica come una realtà di genere storico sociale, il quadro cambia: in questo caso, infatti, è il divenire storico-sociale a creare le forme concrete e storico-relative dei processi educativi[129]. Così, si tenderà a dichiarare che i principi e le categorie della formazione alla vita spirituale sono astrazioni determinate e storicamente relative, e che esse vanno comprese entro il quadro storico-sociale. Per evitare l'intrappolamento in tale concezione serve chiamare in causa il fatto che «[...] l'essere umano come immagine di Dio rappresenta una guida per le relazioni tra l'uomo e il mondo creato, ed è la base su cui valutare la legittimità dei progressi tecnici e scientifici che hanno un impatto diretto sulla vita umana e sull'ambiente» o, riprendendo la scia della *Gaudium et Spes*, prendere sul serio l'impegno per la realizzazione di un nuovo umanesimo[130], arricchito con i valori della fede cristiana.

In questa sede, assumeremo la posizione di un'ontologia complessa, cioè, una ontologia che sia allo stesso tempo sociale e naturale, senza però fissare proporzioni tra tali aspetti e senza dimenticare che «l'uomo [...] non è limitato al solo orizzonte temporale, ma vivendo nella storia umana, conserva integralmente la sua vocazione eterna[131]». La rilevanza di tale approccio viene dal fatto che l'epistemologia pedagogica è almeno in parte vincolata dall'ontologia, in particolare rispetto all'adeguatezza del processo conoscitivo giacché qui cerchiamo di profilare azioni che facilitino l'adesione dell'uomo al divino

---

[128] PAPA FRANCESCO, Discorso alla comunità della Pontificia Università Gregoriana, Giovedì 10 Aprile 2014.

[129] M. BALDACCI, «La realtà educativa e la ricerca-azione in pedagogia», 391.

[130] COMMISSIONE TEOLOGICA INTERNAZIONALE, *Dichiarazione «Comunione e Servizio, La persona umana creata a immagine di Dio»*, 96; CONCILIO VATICANO II, Gaudium et Spes, 55.

[131] CONCILIO VATICANO II, *Gaudium et Spes*, 76.

manifestato in Cristo, e allo stesso tempo la sua trasformazione in questo divino, di cui è immagine e somiglianza[132].

Sulla falsariga del teologo Battista Mondin sosteniamo che occorre tenere saldamente fermo il principio del ruolo ancillare dei vari branchi del sapere umano rispetto alla teologia: nessun sapere deve essere assunto come criterio di verità, ma semplicemente come strumento ermeneutico della parola di Dio, della figura di Cristo e del suo messaggio[133]. In ogni modo, la vita spirituale è sempre un'opera eminentemente soprannaturale. Perciò, la finalità di una *pedagogia della misericordia* è condurre l'individuo ad una vita teologale consistente. Questo diverrà realtà soltanto se mettiamo come fondamento unico e modello primario di tutta la formazione spirituale Cristo [Cf. 1Cor 3,11]. Egli stesso è infatti «il nostro pedagogo, ha tracciato per noi il modello della vita vera e ha educato l'uomo che vive in lui. Assumiamo dunque il salvifico stile di vita del nostro Salvatore, noi figli del Padre buono e creature del buon pedagogo[134]». Non è tropo ribadire «[...] che la vita spirituale è sempre una risposta al progresso e all'iniziativa di Dio, risposta che lo Spirito Santo rende dinamica[135]». In poche parole, l'esperienza spirituale cristiana pare identificarsi con la vita stessa del cristiano.

2.2 La speranza e la misericordia come motivazione dell'agire

L'agire pedagogico orientato alla vita spirituale richiede non solo riflessione, metodo e sistematizzazione ma richiede anche che il soggetto che vuole viverlo sia sufficientemente motivato. Per motivazione intendiamo lo stato interiore che si rende conto del perché un individuo intraprenda o no un'azione finalizzata al raggiungimento di un determinato scopo, che nel nostro caso è quello dell'approfondimento della vita di Dio in noi. In tale finalità non possono mancare la virtù teologale della speranza e la misericordia divina, che adesso ci

[132] M. BALDACCI, «La realtà educativa e la ricerca-azione in pedagogia»., 392.
[133] B. MONDIN, Gesù Cristo salvatore dell'uomo: cristologia storica e sistematica, 34.
[134] CLEMENTE ALESSANDRINO, *Il pedagogo* I, 98, 1.3.
[135] R. CHECA, La pastorale della spiritualità cristiana, 157.

accingiamo ad approfondire mettendoci sulla stregua del poeta Charles Peguy [1873-1914].

Il poeta francese, nel poema «Il portico del mistero della seconda virtù[136]» paragona la seconda virtù — la speranza — ad una «bambina da nulla», che avanza «tra le sue sorelle più grandi» — le altre virtù teologali della fede e della carità — «e non la si nota neanche», perduta «tra le gonne delle sue sorelle». Ma in realtà, «è lei che fa camminare le altre due, e le tira. La speranza però non sprona solo la fede e la carità. È essa a fare camminare tutti quanti, inclusi gli uomini del nostro tempo, ubriachi della fierezza prometeica che fa loro credere d'essere capaci di fermare le lancette dell'orologio biologico, divenendo autori della propria età; quella fierezza che nell'uomo esacerba i sensi e gli appetiti, nell'affanno costante dei piaceri; che lo paralizza con i surrogati della divinità creati da lui stesso. Se viene a mancare la speranza, si stabilisce il regno della disperazione. Ecco perché, proprio in questo tempo bisogna proclamare con vigore, sia con le parole che con la vita, che Cristo è la ragione della speranza che è in noi. Egli infatti ci ha ri-*generati* in essa, [Cf. 1Pt 1,3] finché arriviamo all'ampiezza, alla lunghezza, all'altezza e alla profondità che supera, nel suo amore, ogni conoscenza [Cf. Ef 3, 14-19].

La nostra speranza dunque è una Persona che ha un nome: Gesù Cristo, il Risorto. È lui la sorgente di forza per vivere in modo diverso la nostra condizione spirituale, materiale e morale, ecc. Ecco perché la speranza, come connotato di una *pedagogia della misericordia,* spinge e orienta comportamenti che conducono alla *sequela Christi*. Nel primo caso si fa riferimento alla componente energetica di attivazione della motivazione: è Cristo, nel dono del suo Spirito, il «modello-movente» del processo di trasformazione umano-spirituale. Nel secondo caso si fa riferimento alla componente direzionale di orientamento: è Cristo come «modello-motivo» che ci attira, ci plasma e risponde, nel dono di sé stesso, al perché l'individuo abbia intrapreso di vivere un tale percorso. Tale dinamica conferma che «in realtà solamente nel mistero del Verbo incarnato

---

[136] C. PEGUY, *I misteri: il portico del mistero della seconda virtù*, 161-169.

trova vera luce il mistero dell'uomo»; inoltre «Cristo, che è il nuovo Adamo, proprio rivelando il mistero del Padre e del suo amore, svela anche pienamente l'uomo a se stesso e gli manifesta la sua altissima vocazione[137]».

Con uno sguardo diverso ricontempliamo l'immagine della «bambina-speranza», intuita da Peguy: essa mette in scena «un'altra bambina»: la misericordia divina. Il poeta francese riferisce che «Dio ci ha anticipato», perché «Lui spera in noi». Dio, perché ci ama, ha il timore di perderci e brama la nostra salvezza; ciò «ha fatto tremare il cuore di Dio del tremore stesso della speranza». La teologale speranza quindi sgorga dal cuore di Dio e svela ai nostri occhi Colui che si auto denomina «Dio misericordioso» [Cf. 34, 5-7].

> Il Signore è "*misericordioso*": questa parola evoca un atteggiamento di tenerezza come quello di una madre nei confronti del figlio. Infatti, il termine ebraico usato dalla Bibbia fa pensare alle viscere o anche al grembo materno. Perciò, l'immagine che suggerisce è quella di un Dio che *si commuove e si intenerisce per noi* come una madre quando prende in braccio il suo bambino, desiderosa solo di amare, proteggere, aiutare, pronta a donare tutto, anche se stessa. Questa è l'immagine che suggerisce questo termine. Un amore, dunque, che si può definire in senso buono, "viscerale"[138].

Il Creatore, che è tutto e ha tutto, ha qualcosa da sperare proprio da noi che siamo in processo di crescita umano-spirituale, che viviamo l'itinerario di conformazione al suo Divino Figlio, che vogliamo smacchiare la veste battesimale che abbiamo macchiato con i nostri peccati. Il Padre Misericordioso, a causa della nostra libertà, si è messo nella condizione di dover sperare il nostro ritorno [Cf. Lc 15,11-32]; di attendere un sì da noi che siamo liberi di poter peccare. Mentre percorriamo i sentieri della storia il Padre Misericordioso ci

---

[137] CONCILIO VATICANO II, *Gaudium et Spes*, n. 22.

«L'uomo, in forza della sua inalienabile capacità di diventare sempre diverso da ogni costrizione, è essenzialmente "facoltativo": non tuttavia nel senso che sia in alcun modo lasciato all'arbitrio di una volontà onnipotente o condannato all'esercizio di una libertà vuota, ma nel senso che è orientato nella responsabilità alla concreta realizzazione di un progetto ontologico ed etico e all'attualizzazione di una precisa vocazione personale: "l'uomo come dovrebbero essere 'anticipa' l'uomo come è. E questo anticipare risulta essere la condizioni di ogni possibilità, di ogni maturazione, di ogni autodeterminazione, di ogni autoformazione e di ogni autoeducazione». (Cf. DANIELE BRUZZONE, *Autotrascende e formazione – Esperienza esistenziale, prospettive pedagogiche e sollecitazioni educative nel pensiero di Viktor E. Frankl*, 382]

[138] PAPA FRANCESCO, *Udienza Generale*, Mercoledì, 13 gennaio 2016.

cerca, ci aspetta ed è proprio questo atteggiamento la misericordia: egli stesso «ha messo nelle nostre mani, nelle nostre deboli mani, la sua speranza eterna». Quindi, nel fulcro dell'atteggiamento di speranza si opera una trasformazione: essa lascia d'essere tempo trascorso nell'aspettare, nell'attendere e diventa aspettazione: cioè, impegno, passione e sentimento. Ecco, proprio per questo, si può da essa derivare la misericordia.

> La Bibbia parla non solo di ricerca di Dio da parte dell'uomo, ma anche di ricerca dell'uomo da parte di Dio. "Tu mi dai la caccia come a un leone", esclamò Giobbe [Gb 10,16]. "Fin dall'inizio scegliesti l'uomo e lo considerasti degno di stare alla tua presenza". Questo è il misterioso paradosso della fede biblica: Dio insegue l'uomo. È come se Dio non volesse rimanere solo e avesse scelto l'uomo per servirlo. La nostra ricerca di lui non riguarda soltanto l'uomo ma anche Dio e perciò non deve essere considerata una questione esclusivamente umana. Il suo volere è coinvolto nei nostri aneliti. Tutta la storia umana come è descritta nella Bibbia, può sintetizzarsi in una frase: Dio è alla ricerca dell'uomo[139].

La misericordia, la sorellina nascosta della speranza — insegna Papa Francesco — guida, libera dalla paura, dall'angoscia, dalla vergogna, dalla violenza, restituisce la dignità, permettendo di guardare di nuovo alla vita con fiducia e impegno, apre alla speranza, crea speranza e si nutre di speranza[140]. Insomma, speranza e misericordia si richiamano vicendevolmente, ed hanno la stessa origine: il cuore di Dio. Comunque, effettuano azioni distinte: la speranza ci sprona a muoverci, a cercare Dio giacché schiude agli occhi umani le poliedriche sfaccettature della persona del Padre Eterno e la misericordia divina ci incoraggia e sorregge nel processo di trasformazione, mentre rivela che è propriamente questo il disegno di Dio per ogni uomo.

> In lui ci ha scelti prima della creazione del mondo per essere santi e immacolati di fronte a lui nella carità, predestinandoci a essere per lui figli adottivi mediante Gesù Cristo, secondo il disegno d'amore della sua volontà, a lode dello splendore della sua grazia, di cui ci ha gratificati nel Figlio amato [Cf. Ef 1, 4-6].

---

[139] Liturgia di Yon Kippûr e H.J. Heschek, *Dio alla ricerca dell'uomo,* Borla, Roma, 1983, 156s citati da ELENA BARTOLINI in «Dio e l'uomo si incontrano nel tempo», 4.

[140] PAPA FRANCESCO, *Discorso ai missionari della misericordia*, Martedì, 10 aprile 2018.

2.3 *Il «sempre quotidiano» del quotidiano*

Gli uomini, dall'inizio della storia fino ai nostri giorni, hanno le loro vite legate al computo del tempo, anche se non sanno come decifrarlo. Nella mitologia greca «cronos» era il dio che aveva il potere di controllare il tempo cronologico e «kairós» indicava un momento di un periodo di tempo indeterminato nel quale «qualcosa» di speciale succedeva. I miti furono gradualmente sostituiti da nuovi concetti e metodi derivati dalla filosofia, dalla scienza e dall'astronomia. L'uomo, nel percepire il susseguirsi delle stagioni dell'anno sviluppò diversi modi per adattarsi, gestire il tempo e la propria vita in sintonia con gli eventi naturali.

Già nei nostri giorni il tempo, oltre ad essere sempre insufficiente, è classificato secondo le attività umane: c'è il tempo del lavoro, dello svago, dello studio, della preghiera, ecc. E tutto viene aggiustato dal ritmo scandito dall'orologio e dal calendario. Il tempo possiede anche svariate sfaccettature, ad esempio: c'è il tempo naturale, soggettivo, astronomico, pedagogico e, paradossalmente, abbiamo il tempo di Dio, paradossalmente giacché Egli è senza tempo, cioè eterno e quindi libero dallo scorrere del tempo cronologico. È a questo «tempo di Dio» che punta la *pedagogia della misericordia*, ubicandolo nel quotidiano. Questo tempo di Dio nel tempo storico degli uomini è denominato «kairós», perche è pieno di significati, e gli eventi che accadono, invece di essere vissuti come un peso, e ciò spesso si verifica nel tempo cronologico, indicano il fine divino[141]. Le testimonianze bibliche attestano che «[...] il bello e il brutto che si ha non viene annullato, ma diventano piuttosto la particolare modalità, la singolare situazione, a partire dalla quale ci si pone di fronte al Signore». Ad esempio: «la liturgia salmica assume in sé ogni aspetto, anche contradditorio della vita quotidiana per riconsiderarlo alla luce di un rapporto umano-divino che rilegge la storia in Dio e riporta Dio nella storia[142]».

---

[141] HENRI J.M. NOUWEN, *Il discernimento — Leggere i segni della vita quotidiana*, 134-138.
[142] E. BARTOLINI, in «Dio e l'uomo si incontrano nel tempo», 7.

Certo è che i diversi tempi, ritmi sociali e attività della vita quotidiana, costituiscono il contesto che determina le dinamiche della crescita umana e spirituale. Giustamente perciò una *pedagogia della misericordia* non può essere inserita in uno spazio altro, rispetto alla vita quotidiana: è in essa che si cerca di discernere e vivere la volontà di Dio. La quotidianità, vissuta consapevolmente e sulle orme di Cristo, ci protegge dalla tentazione di svalutare la vita presente in favore di quella futura. Essa diventa così il territorio dove lo spirituale e l'umano si interpenetrano passo a passo e a tappe non del tutto regolari ma costanti, sino all'ultimo giorno della vita, cercando la pienezza di Cristo: per questo abbiamo affermato che nel «sempre» del quotidiano si verifica la «tras-formazione» dell'umano in Dio.

> Nella vita mistica quotidiana, infatti, il cambiamento è trasformato in forza soggetta alla vita soprannaturale per la costruzione della storia. Inoltre, in tale vita, c'è una permanenza — la condizione di figlio di Dio e l'immutabile inabitazione trinitaria — la quale rende il battezzato partecipe del cambiamento come costruttore della storia, affinché in essa la mutabilità della vita quotidiana acquisti il senso di una ricapitolazione di tutto in Cristo (cf. Ef 1,10)[143].

2.4 *Le beatitudini come risultato*

Non è troppo ricordare che lo sviluppo umano, e possiamo aggiungere anche quello spirituale, è indissolubilmente legato all'annunzio della redenzione cristiana, che non è una futuribile utopia, ma è già sostanza della realtà[144]. Ecco perché, tocca a noi interrogarci su quale sia il significato di Cristo per il nostro tempo, che diventa quindi l'adesso della salvezza, nel quale Lui stesso comanda ai suoi discepoli di osservare la volontà del Padre, divenendo «perfetti come è perfetto il Padre vostro celeste» [Cf. Mt 5, 48]. Tale imperativo, oltre ad essere il *telos* del percorso umano-spirituale, è anche *criterio di valutazione*, «della statura che Cristo raggiunge in noi, da quando, con la forza dello Spirito Santo, modelliamo tutta la nostra vita sulla sua» [Cf. *G.E.*, 21] e suscita perfino la

---

[143] E. BETTINI, «Quotidiano (Mistica nel]», in *Nuovo Dizionario di Mistica*, 1840.
[144] A. VICENZO ZANI, «Educazione secondo papa Francesco. Una visione globale» in Ernesto Diaco, *L'educazione secondo papa Francesco,* 43.

domanda su *quomodo*, cioè, come nel tempo quotidiano possiamo metterci sulle orme di Gesù per progredire nella via del Vangelo in tutti i momenti della vita [Cf. *E.G.*, 151; *G.E.*, 31].

Il vissuto cristiano, lungo la storia del cristianesimo, palesa le diverse forme con cui i battezzati hanno risposto al *quomodo* della *sequela Christi*. A guisa di illustrazione, ricordiamo che nel periodo post apostolico la spiritualità cristiana si è tradotta in vari stili di vita: martiri, vergini, gnostici, i monaci. Comunque nulla è più illuminante che ritornare alle parole di Gesù e raccogliere il suo modo di trasmettere la verità. Ecco perché ci soffermiamo sul discorso delle Beatitudini, rimanendo però sulle orme di Papa Francesco, che ritiene che esse siano la risposta più adeguata alla domanda di «come/*quomodo*» seguire Gesù nel nostro tempo [Cf. *G.E*, 63].

Volendo palesare la ricchezza delle Beatitudini evangeliche, accenniamo al fatto che esse già possedevano una propria storia all'interno del Nuovo Testamento, come ha rilevato Jacques Dupont nel suo monumentale studio[145]; e ricordiamo anche che esse hanno sempre trovato un punto di distacco nei vari periodi della ricerca biblica e teologica, come sottolineano alcuni esegeti contemporanei[146]. Non possiamo dimenticare che ancora oggi si costituiscono in sorgente di ispirazione per i vari branchi del sapere teologico, come l'interessante

---

[145] J. DUPONT, *Le beatitudini: Il problema letterario. La buona novella*, Roma, Paoline, 1976.

[146] Massimo Grilli, docente di Nuovo Testamento alla Pontificia Università Gregoriana di Roma, identifica sette interpretazioni che, secondo il suo parere, sono le più significative del «Discorso del Monte» di cui le beatitudini fanno parte: 1°. «Il discorso della montagna è un codice di legge (più che un "vangelo"]: una riedizione dei comandamenti contenuti nella Torah, riproposto però in maniera più radicale; 2°. «Legge il Discorso del monte in termini di inattuabilità per le forze umane o, comunque, non per tutti, ma solo per una cerchia ristretta di discepoli»; 3°. Quella che «legge il Discorso della Montagna in termini di attuabilità, ma solo a livello privato e non pubblico»; 4°. «Legge il Discorso del monte come un'etica *ad interim*: un appello all'impegno prima del tempo definitivo; 5°. «È quella di J. Jeremias, che considera il Discorso del monte puro dono»; 6°. «Riassume e articola, in qualche modo, alcune delle posizioni sinora menzionate: si tratta del dibattito sul il discorso come legge o come vangelo, come precetti da osservare o grazia da ricevere»; 7°. «Il Discorso del monte vede come interlocutori esponenti del mondo ebraico e del mondo cristiano», posizione sviluppata dal teologo e vescovo italiano Bruno Forte e dal papa Benedetto XVI; 8°. Per fine Grilli sviluppa un proprio approccio, di tipo comunicativo e pragmatico al Discordo del Monte. (Cf. MASSIMO GRILLI, *Il discorso della montagna – Utopia o prassi quotidiana*, 7-30].

approccio del tedesco Eberhard Schockenhoff[147], che trova nel Discorso della montagna una chiave ermeneutica utile a comprendere l'etica di Gesù; oppure quello sapienziale, sviluppato da Papa Francesco nel 3°. Capitolo della Esortazione Apostolica *Gaudete et Exsultate*. Certo è che le Beatitudini evangeliche, a somiglianza di ciò che accade ad un capolavoro artistico, sono sempre attuali e supportano varie interpretazioni; ad esse si applica «ciò che Gregorio Magno afferma di tutta la Scrittura, che cioè essa *"cum legentibus crescit"*, cresce con coloro che la leggono, rivela sempre nuove implicazioni e più ricchi contenuti, a secondo delle istanze e delle domande nuove con cui la si legge[148]».

La maturazione umano spirituale, sollecitata dall'accettazione di Cristo come «movente» e «motivo» di tutto il processo, è imperniata su una concezione d'uomo aperto al trascendente, ma allo stesso tempo storicizzato e soggetto alle crisi che tale itinerario comporta. Tali elementi echeggiano nel capitolo dedicato alle beatitudini evangeliche e si applicano all'uomo descritto come «felice» o «beato», appunto colui che «nel dono di sé» [Cf. *G.E*, 64] vive o ha vissuto il processo di maturazione umano e spirituale ed è riuscito ad acquistare l'ampiezza, la lunghezza, l'altezza e la profondità dell'uomo nuovo in Cristo [Cf. Ef 3, 14-19]. Perché è proprio questa la beatitudine del Vangelo, e per Vangelo qui non si intende uno dei quatto vangeli, ma la Parola che Dio aveva promesso per mezzo dei suoi profeti nelle Sacre Scritture e che riguarda il Figlio suo [Cf. Ro 1,2s.]. È proprio questa Parola, che si è fatta udibile nell'umanità del Figlio Unigenito, che il Padre Celeste comanda d'ascoltare [Cf. Lc 9, 35], che determina l'esistenza degli uomini nella fede, all'interno del mondo attuale[149].

L'afflato poetico insito nelle beatitudini può suscitare edulcorate interpretazioni del messaggio. Comunque, se prese sul serio, sono cariche di

---

[147] E. SCHOCKENHOFF, *Il Discorso della Montagna – Appello a essere cristiani*, Queriniana, Brescia, 2017.

[148] R. CANTALAMESSA, *Le beatitudini evangeliche: Otto gradini verso la felicità*, 6.

[149] PETER HÜNERMAN, *Uomini secondo Cristo oggi — L'antropologia di Papa Francesco*, 30.

drammaticità giacché spingono l'uomo a rifare il suo modo d'esser-ci non secondo la logica del mondo, ma secondo quella del Vangelo. Senz'altro in tale operazione c'è il rischio che si resti scoraggiati nel costatare l'incapacità di attuarle nella propria vita e la distanza abissale che c'è tra l'ideale e la pratica, oppure, che lo stile indicato da Gesù si urta con quello del mondo. Qui può essere utile richiamare alla mente e al cuore il fatto che possiamo solamente «[...] viverle se lo Spirito Santo ci pervade con tutta la sua potenza e ci libera dalla debolezza dell'egoismo, della pigrizia, dell'orgoglio» [Cf. *G.E*, 65].

A questo punto il nostro lavoro richiede che ricordiamo il tema della fede, che è stato esaminato nei capitoli precedenti: essa, infatti come sostiene il teologo metodista J. Fowler, offre all'individuo gli script — sequenze di comportamenti e azioni — che hanno lo scopo di dare senso, di indirizzare le azioni con cui si intesse la propria vita[150], ed anche di fondarla su qualcosa che sia degno di onore e rispetto. Già San Giovanni della Croce ci insegna che la fede guida e conduce alla contemplazione e dona — all'individuo — il suo contenuto, cioè: il proprio Dio[151]. Quindi, l'uomo di fede che intraprende di vivere il processo di sviluppo umano-spirituale, trova nelle beatitudini evangeliche gli script perché esse siano vissuto quotidianamente e trova anche Dio che in Gesù si auto-svela nella storia degli uomini [Cf. Gv 5,24; 14,9].

Le beatitudini sono l'autentico autoritratto di Cristo perché mettono in evidenza i lineamenti essenziali della sua vita e della sua figura[152]. Accoglierle è accettare il richiamo ad un reale cambiamento di vita [Cf. *G.E.*, 66], perché se non è così la *conformatio Christi* diventerebbe un *flatus vocis*, cioè, un discorso privo di consistenza o, purtroppo, un impegno senza seguito [Cf. *G.E.*, 96]. Ci si augura che l'uomo di fede, incorporandole alla propria esistenza, effettui una doppia critica: prima di se stesso, avviando così le dinamiche di purificazione degli appetiti, dei sensi e della psiche, che inquinano il processo di maturazione

[150] J. W. FOWLER, *Estágios da Fé: A psicologia do desenvolvimento humano e a busca do sentido*, 10.

[151] SAN GIOVANNI DELLA CROCE, *Salita al Monte Carmelo*, 2S 10,1; 2S 24,4; 1S 2,2.

[152] E. SCHOCKENHOFF, *Il discorso della montagna Appello a essere cristiani*, 7.

spirituale; di tutto quello che si scontra con gli insegnamenti di Gesù [Cf. *G.E.*, 99]. Il processo coinvolge l'individuo tanto nella sua interiorità quanto nella sua esteriorità.

Premesso tutto ciò, andiamo al testo delle Beatitudine evangeliche, nella versione di San Matteo[153], senza entrare però in discussione esegetiche o teologiche, giacché nella *Gaudete et Exsultate* tali approcci sono assenti, perché intese come una teoria della santità piuttosto sono indicati atteggiamenti che conducono ad una «vita benavventurata», appunto santa, traguardo di tutto il processo di sviluppo umano-spirituale in Dio.

Non c'è dubbio che Gesù, il novo Mosè, è l'asse delle Beatitudini. Inoltre è proprio Lui che prende l'iniziativa di ammaestrare i suoi discepoli e anche la folla che lo segue [Cf. Mt 5, 1-2]. La centralità del maestro e la perennità di tutto ciò che insegna giustifica l'invito di fare strada verso di Lui e di raccogliere il suo modo di trasmettere la verità [Cf. *E.G.*, 63] per tradurlo nella propria vita. Emerge, nelle riflessioni fatte da Papa Francesco, una realtà esistenziale che è diventata nodale nel su magistero, quella dell'incontro[154] con Gesù ed anche con gli altri. Incontro inteso come *tête-à-tête,* cioè colloquio a due, per lo più caratterizzato da particolare intimità.

Il vero incontro accade quando i suoi protagonisti — l'altro e l'altra — si riconoscono come soggetto e non come oggetto. Ciò può essere costatato nel

[153] [1] Vedendo le folle, Gesù salì sulla montagna e, messosi a sedere, gli si avvicinarono i suoi discepoli. [2] Prendendo allora la parola, li ammaestrava dicendo: [3] «Beati i poveri in spirito, perché di essi è il regno dei cieli.[4] Beati gli afflitti, perché saranno consolati. [5] Beati i miti, perché erediteranno la terra. [6] Beati quelli che hanno fame e sete della giustizia, perché saranno saziati. [7] Beati i misericordiosi, perché troveranno misericordia. [8] Beati i puri di cuore, perché vedranno Dio. [9] Beati gli operatori di pace, perché saranno chiamati figli di Dio. [10] Beati i perseguitati per causa della giustizia, perché di essi è il regno dei cieli. [11] Beati voi quando vi insulteranno, vi perseguiteranno e, mentendo, diranno ogni sorta di male contro di voi per causa mia. [12] Rallegratevi ed esultate, perché grande è la vostra ricompensa nei cieli. Così infatti hanno perseguitato i profeti prima di voi. Matteo 5,3-12 offre un testo conciso ed equilibrato. Le otto beatitudini sono presentate in due "tavole" di quattro ciascuna, seguite da una nona conclusiva. La prima e l'ottava formano una specie di "inclusione" in quanto si concludono con la promessa espressa al presente: «perché di essi è il regno dei cieli» (Mt 5,3.10], mentre nelle altre è il futuro: «saranno consolati... erediteranno la terra... saranno saziati... troveranno misericordia... vedranno Dio... saranno chiamati...».

[154] PAPA FRANCESCO, *Meditazione mattutina nella cappella della Domus Sanctae Marthae*, Martedi, 13 setembre 2016.

brano della donna Cananèa [Cf. Mt 15,21-18] dove troviamo un incontro senza unidirezionalità: i soggetti coinvolti si influenzano reciprocamente ed il bagaglio culturale ed esistenziale che a loro appartengono, non è cancellato, anzi, viene fuori. Gesù non si nasconde e si fa vedere come uno che fa parte del popolo di Israele, un giudeo maschio che era andato in quel posto per trovare un po' di pace; che non era una persona qualsiasi, ma uno di un certo rango: un maestro, un uomo che parla con autorità e già famoso per i miracoli cha ha compiuti. La donna invece è una che disturba: infatti gli andavo dietro disperata, gridando; è pagana, cioè non appartiene all'antico Israele e vuole essere aiutata nel fatto che sua figlia è ammalata. Eppure ambedue escono trasformati da questo incontro che accade in forma dialogica e grazie, soprattutto, al fatto che la donna non si arrende.

Anche noi portiamo un bagaglio imponente, fatto della nostra personalità, della nostra storia individuale, dei condizionamenti storici, sociali, religiosi in cui siamo cresciuti, inoltre la formazione che abbiamo ricevuto dai genitori e dei nostri maestri — insegnanti, catechisti, ecc. Non si può dimenticare che abbiamo delle aspettative riguardo all'incontro con Gesù; e ancora che il nostro contesto vitale determina la risposta suscitata dall'accoglienza della sua parola. Ha ragione Papa Francesco quando afferma che «è necessario fare, ognuno a suo modo, quello che dice Gesù nel discorso delle Beatitudini» e aggiunge che è necessario far «trasparire nella quotidianità della nostra vita» [Cf. *G.E*, 63] questo nostro impegno.

Evitando le definizioni, cioè di dire cos'è, ma piuttosto indicando gli atteggiamenti con cui l'uomo traduce concretamente le beatitudini, il Papa li approfondisce uno ad uno. In conseguenza, l'uomo accogliendoli permette che il suo essere nel mondo sia trasformato dalla Parola di Dio, che è il proprio Gesù. In questo incontro fra l'uomo e Gesù sulla mediazione della Parola si «[...] affaccia nella storia quella parola previdente, nella quale risplende il senso, la pienezza dell'esistenza nel mondo, quel senso a cui gli uomini tendono per il semplice fatto di esistere nel mondo[155]» e così si verifica che «la gioia del Vangelo riempie il cuore e la vita intera di coloro che si incontrano con Gesù. Coloro che si lasciano salvare da Lui sono liberati dal peccato, dalla tristezza, dal vuoto interiore, dall'isolamento. Con Gesù Cristo sempre nasce e rinasce la gioia» [Cf. *E.G.*, 1].

I poveri sono i primi a comparire nella predica di Gesù. Il loro ruolo nella stesura dei Vangeli è ampio e complesso. Può essere affrontato da un punto di vista biblico, storico, dogmatico, liturgico, morale, pastorale, ecc., o anche essere trattato da una prospettiva economica, sociale, politica, religiosa, culturale, ambientale, di genere, etnica ecc. Comunque per la Chiesa l'opzione per i poveri è una categoria teologica, prima che culturale, sociologica, politica o filosofica [Cf. *E.G.*, 198]. Certo è che tale argomento non è estraneo al Vescovo di Roma, che ha scelto come nome proprio quello del santo della povertà — Francesco — ed è anche uno dei cardini della teologia latino-americana. Perciò non poteva essere assente nel magistero di Papa Francesco che non smette di ricordare a tutta la chiesa che «come Cristo ha compiuto la redenzione attraverso la povertà e le persecuzioni, così pure la chiesa è chiamata a prendere la stessa via per comunicare agli uomini i frutti della salvezza ... Così anche la chiesa, benché per compiere la sua missione abbia bisogno di risorse umane, non deve cercare la gloria terrena, ma con il suo esempio diffondere umiltà e abnegazione» [Cf. *L.G.*, 8].

Il povero è colui che, senza risorse e senza diritti, trova soltanto in Dio il suo soccorso. Comunque, prendendo consapevolezza della situazione di marginalità in cui si trova, sprigiona l'energia della solidarietà grazie ad essa si può passare da un sistema di dominio ad un altro più egualitario, partecipativo e giusto, in cui l'amore non è così difficile. Questa strategia è libertaria e fa del povero un soggetto storico, cioè il protagonista della sua liberazione. Nel commento alle Beatitudini la povertà di spirito [Cf. Mt 5,3] si traduce nell'atteggiamento di

---

[155] PETER HÜNERMAN, *Uomini secondo Cristo oggi — L'antropologia di Papa Francesco*, 34-35.

apertura a Dio: È Lui è la sicurezza del cuore e suscita anche l'empatia e la capacità d'essere solidale con i più bisognosi. Ci insegna Papa Francesco che «essere povero nel cuore, questo è santità» [Cf. *G.E.*, 69-70].

Ci sorprende il fatto che la mitezza [Cf. Mt 5,5], è stato oggetto di riflessione di pensatori contemporanei di grande spessore e anche il fatto che non pochi pensatori la collegano alla dimensione politica[156]. Tuttavia, per il Vescovo di Roma la mitezza evangelica fa parte dello stile di Dio[157], del suo modo d'essere. Il mite è consapevole della durezza della quotidianità e di come i rapporti umani alle volte si logorano e diventano pesanti. Nonostante ciò, sopporta i difetti degli altri, li corregge e difende la fede con dolcezza [Cf. *G.E.*, 72]. E perché ha preso come misura di vita la vita di Gesù, reagisce con umiltà di fronte alle costanti provocazioni e prevaricazioni di cui è lastricata la quotidianità che ormai è diventata «il regno dell'orgoglio e della vanità, dove ognuno crede de avere il diritto di innalzarsi al di sopra degli altri» [Cf. *G.E.*, 71]. La mitezza evangelica è un dono dello Spirito Santo e colui che la possiede è capace di discernimento: si vede che ha acquistato integrità morale ed è capace di compiere opere utili a sé e agli altri sotto un profilo eminentemente spirituale. Quindi, «reagire con umile mitezza, questo è santità» [Cf. *G.E.*, 74].

Rivolgendosi a tutti gli uomini, in occasione della I Giornata Mondiale dei Poveri, chiede di non amare solo con parole ma soprattutto con i fatti, e così prendere su serio la sofferenza presente nella realtà, dove mai può mancare la croce Papa Francesco «invita a tenere fisso lo sguardo su quanti tendono le loro mani gridando aiuto e chiedendo la nostra solidarietà[158]» e ciò vuol dire vivere la Beatitudine che afferma che quelli che sono nel pianto, cioè vivono nell'afflizione, saranno consolati [Cf. Mt 5,4]. Coloro che piangono sono le innumerevoli vittime della globalizzazione, dell'indifferenza, di una economia

---

[156] Sergio Givone e Remo Bodei, *Beati i miti, perché avranno in eredità la terra*, Torino, 2013, pp. 96.

[157] PAPA FRANCESCO, *Udienza Generale: Ciclo di catechesi dedicate al Padre Nostro*, 06 marzo 2019

[158] PAPA FRANCESCO, *Messaggio per la I Giornata Mondiale dei Poveri*, 19 Novembre 2017.

dell'esclusione e della iniquità [Cf. *E.G.*, 53], appunto senza cuore; e proprio piangere con loro è ciò che possiamo identificare per santità [Cf. *G.E.*, 75-76].

Nella metafora della «fame» e «sete» si scopre che nelle beatitudini la giustizia è una necessità vitale. Infatti, come il cibo e l'acqua sono indispensabili per la vita di ogni individuo, così la giustizia è imprescindibile nei rapporti tra le persone, per l'ordinamento sociale, per il funzionamento delle istituzioni, ecc. Il Catechismo della Chiesa Cattolica al numero 1807, indica che la giustizia consiste nella costante e ferma volontà di dare a Dio e al prossimo ciò che è loro dovuto e quindi, per mezzo di essa, intendiamo e conseguentemente operiamo ciò che è bene nei riguardi di Dio, di noi stessi e del prossimo.

La esperienza quotidiana sembra indicare che è più facile identificare ciò che è ingiusto che comportarsi da persona giusta. A conferma di ciò, è sufficiente guardarsi e guardare gli altri quando siamo in fila, sia nel traffico o in un negozio. Di regola non mancano i furbi di turno che cercano di evitare l'attesa e dimenticano che il tempo è prezioso per tutti e che è giusto attendere il proprio turno. Subito, davanti a chi si comporta così, viene spontaneo dire: guarda che ci sono io! Sembra che il senso e anche l'anelito per la giustizia sia naturale nell'uomo.

Nelle Beatitudini se afferma che ci sono persone che desiderano con tutta l'anima la giustizia e la cercano con tutto il cuore. Capita che alle volte non la trovano, ma ciò non deve scoraggiare, poiché Gesù garantisce che costoro saranno saziati.

> La radice della giustizia è nella creazione voluta da Dio. È lui il garante ultimo di ogni giustizia; è lui che anzitutto fa giustizia a noi devianti, poveri, peccatori; è lui che perdona, ci riabilita, ci ama; e, in grazia della sua giustizia salvifica, siamo messi in grado di esprimere anche noi giustizia, bontà, amore e perdono, verso tutti gli altri, siamo messi in grado di vivere qualcosa di quella giustizia del Regno che chiediamo ogni giorno nel Padre nostro "Venga il tuo Regno!"[159]

La giustizia proposta da Gesù non è come quella del mondo, tante volte indebolita dagli interessi personali o di gruppi, ma quella che si realizza quando

---

[159] CARLO MARIA MARTINI, *Le virtù. Per dare il meglio di sé*, 31 citato da WALTER MAGNONI IN «Le virtù cardinali: La giustizia», Tredimensioni 9(2012) 120-128.

si comincia a viverla nelle proprie decisioni e anche nel cercarla per i poveri e più deboli. Mantenere l'impegno e sempre vivo il desiderio di giustizia: questo è santità [Cf. *G.E.*, 79].

Approfondendo la meditazione sulla beatitudine della misericordia, Papa Francesco ci ricorda che siamo un «esercito di perdonati»; dunque chi è generoso e solidale con gli altri ed anche capace di perdonare le offese ricevute, vive la misericordia e riproduce nella propria vita un piccolo riflesso della perfezione di Dio, che ci perdona sempre. Conclude il Pontefici dicendo che guardare e agire con misericordia: questo è santità [Cf. *G.E.*, 80-82].

Sappiamo, infatti, quanto fosse rilevante per la tradizione giudaica l'osservanza della cosiddetta "purità" rituale, con varie abluzioni soprattutto prima di accedere al culto. L'accento, invece, viene spostato da Cristo sul cuore cioè sull'interiorità dell'essere dell'uomo, quella realtà da dove sgorgano le decisioni, i pensieri le opere. Papa Francesco approfondisce la 6°. Beatitudine che afferma «beati i puri di cuore, perché vedranno Dio» [Cf. Mt 5, 8]. Ma cos'è un cuore puro? È il cuore di chi sa amare e che non permette che questo amore sia messo in rischio. Perciò non si lascia inquinare dalla falsità e della chiusura egoistica; «nelle decisioni del cuore hanno origine i desideri e le decisioni profonde che ci muovono» [Cf. *G.E.*, 85]

Per non ricadere in un discorso moralista oppure individualista, ricordiamo che al numero 85 della *Gaudete et Exsultate.* che un cuore che ama produce opere d'amore e quindi «questa beatitudine ci ricorda che il Signore si aspetta una dedizione al fratello, perché "se anche dessi in cibo tutti i miei beni e consegnassi il mio corpo per averne vanto, ma non avessi la carità, a nulla mi servirebbe"» [Cf. 1Cor 13,3]. La purezza ha dunque a che fare con la vista e si deduce che l'impuro non vede o, meglio, non riesce a vedere Dio. Forse perché non accetta che nell'altro ci sia la presenza del suo Dio. Gesù considera felice, cioè beato, il puro perché vedrà Dio, ed è molto bella l'indicazione promettente del verbo al futuro: vedranno! Se da una parte la purezza è un cammino, dall'altra è un premio, cioè beato me perché vedrò. Quindi la santità è mantenere il cuore pulito da tutto ciò che sporca l'amore verso Dio, verso l'altro oppure verso sé stesso [Cf. *G.E.*, 86].

Il tema della pace ritorna costantemente nelle omelie, udienze, interviste, e negli atteggiamenti di Papa Francesco. Questa è così importante che il Pontefice insegna che fare la pace è un po' imitare Dio. Per viverla nella quotidianità, ci ha offerto anche una specie di «manuale» in cui ci aiuta a capire che la pace sempre va avanti, non è mai ferma, è feconda, incomincia dall'anima e poi torna all'anima dopo aver fatto tutto un cammino di pacificazione che include la casa, la famiglia, la scuola, il lavoro, il quartiere dove si abita[160], ecc. La beatitudine della pace nella *Gaudete et Exsultate* non fa riferimento soltanto alle situazioni di conflitti bellici o scontri fra nazioni ma raggiunge anche il mondo dei rapporti di cui è intessuta la vita quotidiana; esso non poche volte è indebolito dalle dicerie, dalle calunnie che distruggono la reputazione della persona. I pacifici sono fonte di pace e con la loro vita cercano di non escludere nessuno, anzi la integrano perché si tratta «di essere artigiani della pace, perché costruire la pace è una arte che richiede serenità, creatività, sensibilità e destrezza». Insomma «seminare pace intorno a noi, questo è santità» [Cf. *G.E.*, 87-89].

Le beatitudini sono un invito a trasformare radicalmente la società e a permettere così l'avvento del Regno di Dio. Per questo sono precedute dall'invito alla conversione, per consentire la loro realizzazione [Cf. Mt 4,17]. L'irruzione del regno nella storia umana conduce allo scontro con tutto ciò che non gli appartiene e che ostacola l'autentico sviluppo umano e sociale, come per esempio il sopruso sui più deboli, la corsa per il potere, l'accumulo sfrenato dei beni, ecc. Non è pertanto strano che l'accoglienza delle beatitudini susciti le persecuzioni, che non sono ormai una realtà del passato ma purtroppo anche dei nostri tempi [Cf. *G.E.*, 91, 94]. Al giorno d'oggi i cristiani sono diventati l'agnello da sacrificare sull'altare delle ideologie fondamentaliste che proliferano

---

[160] PAPA FRANCESCO, *Meditazione nella Cappella della Domus Sanctae Marthae – Manuale per fare la pace*, 4 dicembre 2018.

nel Medio Oriente, nell'Asia. Inoltre i cristiani diventano vittime dei narcotrafficanti, come succede nell'America Latina o sono condannati al limbo sociale, come si verifica in Europa. Malgrado ciò, afferma il Pontefice, «la croce, soprattutto le stanchezze e i patimenti che sopportiamo per vivere il comandamento dell'amore e il cammino della giustizia, sono fonte di maturazione e di santificazione»; perciò «accettare ogni giorno la via del Vangelo nonostante ci procuri problemi, questo è la santità» [Cf. *G.E.*, 92, 94].

Le beatitudini non solo attirano l'uomo verso il più alto ideale della vita cristiana ma gli fanno pure prendere consapevolezza dei limiti che pervadono il suo essere e dei falsi stili di vita che, se assunti, lo fanno spiritualmente indietreggiare [Cf. *G.E,* 65]. Nel fulcro di tale tensione troviamo la «[...] benedizione che fortifica la vita, la mantiene e la libera, anche se essa [la vita!] è sotto il peso del limite, della precarietà e della persecuzione... e dall'altra c'è una richiesta di una sequela radicale, senza compromessi, che costa la decisione della vita[161]». Chi riesce a tradurre le beatitudini evangeliche nella propria vita trova il «come/*quomodo*» seguire Gesù nel nostro tempo, sviluppa un *ethos* concreto per i diversi ambiti della vita quotidiana e testimonia la «ri-generazione» dell'uomo in Cristo, *telos* di tutto il processo di sviluppo umano-spirituale.

Conclusione

La nostra riflessione è iniziata, chiamando in causa l'azione pastorale di San Paolo in favore dei cristiani della Galazia [Cf. Ga 4,19]. Cristo, come ci fa capire l'apostolo, è la Parola previdente di Dio, tramite cui «[...] sono stati dati il mondo e l'uomo e che contemporaneamente si rivolge in modo sostanziale all'uomo nel suo esser-ci-nel-mondo[162]» per ri-crearlo. L'ascolto di tale Parola già aveva condotto Paolo ad acquistare l'*immago Christi* [Cf. Ga 2,20] ed è proprio questo che vuole donare ai cristiani della Galazia ed è anche quello che vorremmo per noi. Tutto ciò sprona a domandare se ancor'oggi è possibile

---

[161] MASSIMO GRILLI, *Il discorso della montagna – Utopia o prassi quotidiana*? 47.

[162] PETER HÜNERMAN, *Uomini secondo Cristo oggi — L'antropologia di Papa Francesco*, 30.

vivere lo stesso ideale che ha vissuto Paolo e che ha proposto ai Galati e, se sì, come condurre gli uomini del nostro tempo ad accogliere tale dono. Rispondere a tale indagine ci ha portato al Papa Francesco e all'evangelista San Matteo. Dal primo abbiamo preso spunti per abbozzare una *pedagogia della misericordia*, ovvero sia, ci ha fatto riflettere nella prospettiva pastorale sul come condurre gli uomini del nostro tempo alla vita nuova in Cristo. E dall'autore del primo Vangelo abbiamo approfondito, sulla stregua del Vescovo di Roma, che le beatitudini evangeliche e gli atteggiamenti da esse suscitati, sono la guida per quotidianamente godere la gioia di sempre nascere e ri-nascere in Gesù. E ciò si rinnova e si comunica [Cf. *E.G.*, 1].

CONCLUSIONE

È diventato consensuale, fra i cultori della spiritualità, che l'oggetto della teologia spirituale è il vissuto, ovverossia l'esperienza che decorre nei rapporti stabiliti fra Dio e l'uomo, resa nota negli atteggiamenti che fanno parte della vita di una persona credente: adorazione, riconoscenza, lode, desiderio di perfezionare la propria umanità, sensibilità verso gli altri, ecc. È precisamente su questa prospettiva che la vita dell'uomo di fede, tradotta in termini di vissuto spirituale, viene precisata[163]. Alla luce di tale concezione ci siamo impegnati nella stesura di questo lavoro, scegliendo l'individuo adulto come asse della ricerca.

Applicando al vissuto spirituale la categoria di sviluppo — utilizzata in questa ricerca dall'inizio fino alla fine — e cercando di individuare le coordinate in cui possiamo posizionare l'individuo adulto, siamo arrivati ad alcuni elementi della sua poliedrica identità: è una creatura temporale, ma che anella all'eternità; è un individuo che, mentre prende decisioni, dona senso alla propria vita, si autodetermina e costruisce la storia; è un essere unico, irrepetibile ma che deve interagire con altri per definirsi come esistente, cioè, per trovare significanza per

[163] «La spiritualità (la vissuta relazione tra Dio e l'uomo), assieme all'elemento dottrinale (la corretta formulazione della relazione Dio-uomo), all'elemento etico (la relazione Dio-uomo espressa nel comportamento), e all'elemento rituale (l'esprimersi concreto della relazione Dio-uomo nell'ambito di una comunità), costituisce l'insieme di una religione. Gli elementi sono concatenati. La spiritualità distaccata del suo contesto religioso è inesistente». Cf. K. Waaijman, *La spiritualità. Forme, fondamenti, metodi*, 471; Cf. anche B. Moriconi, «Genesi della Teologia Spirituale», in *Introduzione alla teologia spirituale* – SP 1010 [dispensa *«ad usum studentorum»*] –, Pontificio Istituto di Spiritualità — TERESIANUM, Roma, 2017-2018

sé e per il suo agire; è una persona circostanziata nel suo esserci-nel-tempo, ma aperto all'avvenire. Tutti questi fattori confermano, da una parte, che la dimensione del mistero è innata nella realtà antropologica e d'altra parte, che possiamo avvicinarci alla realtà concreta della persona adulta senza, però, ecclissare il Mistero per antonomasia che nella dialettica della presenza-assenza svela chi essa è, mentre si costituisce nel suo traguardo. Tale dinamica corrobora che «in realtà solamente nel mistero del Verbo incarnato trova vera luce il mistero dell'uomo»; inoltre «Cristo, che è il nuovo Adamo, proprio rivelando il mistero del Padre e del suo amore svela anche pienamente l'uomo a se stesso e gli manifesta la sua altissima vocazione [Cf. *G.S.*, 22].

Riteniamo quindi che la categoria dello sviluppo, applicata alla dimensiona umana e spirituale, funga da schermo dove si proiettano, in modo singolare e irrepetibile, le forme che il trascendente ha assunto o no nell'itinerario d'ogni individuo. La conferma di ciò lo troviamo nella riflessione del teologo nord americano James W. Fowler[164] che sostiene che la fede, intesa da lui come un modo con cui l'individuo identifica e dà senso alle molteplici relazioni e alle forze con le quali intesse la vita, si evolve in forma graduale e in sinergia con le varie tappe della maturazione biologica e psicologica della persona.

Il suddetto teologo classifica la fede come un processo interazionale fra l'ambiente in cui l'uomo è inserito e le sue potenzialità ed essa si dispiega in sette stadi: primitivo, mitico-letterale, sintetico-convenzionale, individualizzante-riflessivo, congiuntivo e universalizzante. A guisa di illustrazione giova ricordare che i racconti sulla vita d'Abramo e le vicende da lui vissute, illustrano — *mutatis mutandis* — i ragionamenti con cui il Fowler articola la sua riflessione. Per esempio: l'interazione fra i cambiamenti ambientali e umani vissuti dal patriarca biblico e l'esigenza di modificare la fede per adattarla alle nuove

---

[164] James W. Fowler, *Stages of Faith. The Psychology of Human Development and the Quest for Meaning*, Harper, San Francisco - New York 1981. Nella stesura di questo lavoro usiamo la versione tradotta per il portoghese, editata in Brasile con il titolo *Estágios da Fé: A Psicologia do Desenvolvimento Humano e a Busca do Sentido*, São Leopoldo, Sinodal, 1992.

situazioni. Fowler stesso applica al percorso di maturazione umano e spirituale dell'apostolo Paolo la prospettiva *stadiale della fede*:

> Parece provável, por exemplo, que São Paulo possa ser descrito da melhor maneira como uma pessoa que, no momento do seu encontro transformador de vida na estrada de Damasco, estava no estágio 4 da fé, que é aquele individuativo-reflexivo. Seus primeiros escritos refletem agudas dicotomias, a preocupação com inclusão e exclusão, bem como a paixão por autenticidade e pureza de compromisso que são as marcas características do estágio 5. Além disso, os escritos posteriores de Paulo exibem o estilo mais dialético do estágio conjuntivo. Ele debateu-se com a vocação de judeus e gentios, com a questão de como estar no mundo mais não ser do mundo, a questão de como confrontar a fraqueza com o poder e a morte com a vida. Então, em algumas passagens dos seus escritos da maturidade, Paulo manifesta as qualidades universalizantes da fé do estágio 6[165].

Tale concezione possiede il pregio di fare dell'umano e della sua storia lo spazio di irruzione del divino, questo divino però nella riflessione del Fowler, non è espressamente identificato con il Dio della rivelazione cristiana, seppure questi non sia rifiutato da lui; e elabora la sua teoria con espressioni che sono familiari al discorso cristiano cattolico, ad esempio: conversione, grazia, vita di fede; si può pure stabilire un paragone fra l'individuo che riesce ad arrivare alla tappa universalizzante della fede e la persona che diventa santa, secondo gli insegnamenti della Chiesa Cattolica. Oltre a ciò si deve tenere in mente che la fede non è un mero prodotto umano; essa «[...] diventerebbe una luce soggettiva, capace forse di riscaldare il cuore, di portare una consolazione privata, ma tale che non può proporsi agli altri come luce oggettiva e comune per rischiarare il cammino» [Cf. *L.F.*, 3].

---

[165] «Sembra probabile che San Paolo possa essere descritto come una persona che, al momento della vicenda sulla via di Damasco, era nella fase 4 della fede, ossia, quella individualista-riflessiva. I suoi primi scritti riflettono dicotomie, la preoccupazione per l'inclusione e l'esclusione, così come la passione per l'autenticità e la purezza dell'impegno che sono le caratteristiche della tappa 5. Inoltre, gli scritti successivi, redatti con uno stilo più dialettico, sono indicativi di chi è arrivato al livello più congiuntivo. Perciò sviluppa l'argomento della vocazione degli ebrei e dei gentili; approfondisce la questione su come essere nel mondo ma non del mondo e anche quella del confronto dalla debolezza con il potere e dalla morte con la vita. Quindi, in alcuni passaggi dei suoi scritti di maturità troviamo manifesta le qualità universalizzanti della fede, che sono proprie dello stadio 6». [Cf. J. FOWLER, *Estágios da Fé: A psicologia do desenvolvimento humano e a busca do sentido,* 244.] [Traduzione del portoghese dal Brasile]

La ripresa del tema della fede, sulla stregua del Fowler, aiuta a respingere «[...] l'obiezione di tanti nostri contemporanei» che ritengono che essa «bastasse per le società antiche, ma non servisse per i nuovi tempi, per l'uomo diventato adulto, fiero della sua ragione, desideroso di esplorare in modo nuovo il futuro. In questo senso, la fede appariva come una luce illusoria, che impediva all'uomo di coltivare l'audacia del sapere» [Cf. *L.F.*, 4].

Fowler intuisce la esistenza di un doppio stato di grazia: quella che viene come parte della creazione, denominata «grazia ordinaria», e che agisce nei processi di nascita, di accudimento materno e parentale e nelle leggi che la specie umana ha stabilito per garantire il mantenimento della vita; e l'altra, la «grazia straordinaria»: infatti un vettore misterioso, che ci rimanda alla libertà di Dio e porta a galla le sue imprevedibili manifestazioni di cura — nella semantica cattolica possiamo identificare ciò con «la compassione divina» — che chiede una risposta del credente, appunto la sua continua conversione[166]. Mentre la grazia ordinaria sembra arrivare a tutti, quella straordinaria sembra che giunga a pochi. Ciò giustifica un'altra domanda che ci ha accompagnato in questo percorso di ricerca: perché nel sinolo della creatura umana, dove l'umano e lo spirituale vicendevolmente si intrecciano, capita che la dimensione religiosa si arresta e inaridisce, seppure gli altri ambiti della vita vanno avanti, generando così le crisi spirituali?

Lo sforzo per rispondere al suddetto interrogativo ci ha portato alla constatazione che nella postmodernità il binomio vita-crisi spesso si fa presente[167]; perciò non stupisce, anzi ci sfida, il fatto che la «vita», inclusa quella dell'adulto credente, «è fatta di crisi e di situazioni difficili o — come dice Merton — "inesorabilmente la vita si muove verso la crisi e il mistero"[168]».

---

[166] J. FOWLER, *Estágios da Fé: A psicologia do desenvolvimento humano e a busca do sentido*, 247.

[167] Il sociologo polacco Zygmunt Bauman definisce i nostri tempi come «modernità liquida» e la società in cui viviamo come «società dell'incertezza», «società individualizzata». Con tali denominazioni vuole indicare come prevalgano nei giorni attuale l'incertezza, la perdita di senso, la liquidità, l'individualismo.

[168] AMADEO CENCINI, *L'ora di Dio – La crisi nella vita credente*, 47.

Abbiamo esaminato tale questione mettendoci sulla scia del mistico spagnolo San Giovanni della Croce [Nato in Fontiveros (Avila), nel 1542 e morto in Ubeda (Andalusia), nel 1591] che, in prima persona, ha sopportato non poche sofferenze, tensioni e crisi ma forse, giustamente per ciò, ci insegna come procedere per superarli.

Nella dottrina sanjuanista le crisi si inseriscono nello sforzo di maturazione umana e spirituale e il loro superamento richiede che l'individuo dia avvio ad un processo di purificazione di se stesso, finché possa raggiungere la *forma Christi*[169] donataci da Dio Padre, che concede agli uomini partecipare alla sua vita, innestandoli nella vita del Figlio [Cf. Gv 1, 12-13], l'Uomo Perfetto [Cf. *Gaudium et Spes,* 41]. Il teologo spagnolo Fernando Urbina[170], sull'orme di S.G.C e alla luce del capitolo 2°, dei libri I e II di *Salita*, svela le situazioni di squilibrio che appaiono all'interno del processo di trasformazione spirituale: la prima è l'inquinamento degli appetiti e richiede appunto la loro purificazione. Nel discorso sanjuanista il termine appetito indica una struttura di ripiegamento, un ostacolo fisico o morale, una fissazione alle cose, ai gesti, agli atti e all'io del soggetto stesso che rappresentano un intralcio fondamentale nel processo di sviluppo verso la pienezza divina. Nella seconda continua ancora la lotta per liberarsi dalla materialità immediata e rozza richiamata dai sensi ed anche dalle eccitazioni sensitive degli appetiti: bisogna adesso identificare ed eliminare le false immagini di Dio. La terza tratta del lavoro di purificazione di quella zona più recondita dell'apparato interiore antropologico, definita appunto dalla scienza

---

[169] «Che cos'è, dunque la forma? Se l'essenza è ciò che è in sé, il principio senza svolgimento, la sostanza immediata; la forma è l'essenza nel suo darsi. Lo svolgimento attuantesi dell'essenza, l'essenza espressa e colta come realtà. In questo senso preciso Cristo è la forma ed è, insieme, l'intuizione della forma. La forma perché (Egli) è il darsi dell'essenza. L'intuizione della forma: perché è in tale darsi che la forma è intuita come il darsi dell'essenza, e cioè appunto come forma, essenza che donandosi s'attua per ciò che è». [Cf. PIERO CODA, *La percezione della forma – Fenomenologia e cristologia in Hegel*, 27]. Si veda anche K. WAIJMAN, *La spiritualità. Forme, fondamenti, metodi*, 450-451; 470; A.M. ZACHARIE IGIRUKWAYO, «Oggetto della crescita spirituale: La trasformazione», in *Processo di trasformazione spirituale in Cristo* – SP 1024 [dispensa *«ad usum studentorum»*] –, Pontificio Istituto di Spiritualità — TERESIANUM, Roma, 2017-2018.

[170] F. URBINA, *Comentario a Noche oscura del espírito y Subida al monte Carmelo, de San Juan de la Cruz*, 30; Cf. anche S.G. DELLA CROCE, *Salita*, 1S 2,1,5.

moderna come inconscio, dalla quale sgorgano tutte le azioni buone e cattive dell'uomo[171].

L'«intervento» sanjuanista possiede un «carattere profilattico»: quello che si vuole è evitare il rallentamento dello sviluppo umano-spirituale, la chiusura alla dimensione religiosa e anche il succedere delle crisi spirituali nella vita adulta, poiché tutto questo è motivo di logoramento del rapporto con Gesù Cristo. Gli insegnamenti del mistico spagnolo continuano attuali, possiamo confrontarli con il vissuto spirituale degli uomini del nostro tempo, con i dati della antropologia, della filosofia e psicologia contemporanea; confermarli con l'insegnamento del Concilio Vaticano II, particolarmente quello sulla santità universale e anche con il magistero di Papa Francesco.

Rimanendo sulle orme di San Giovanni della Croce possiamo anche sostenere che le crisi obnubilano le facoltà dell'anima — volontà, intelligenza, memoria –, affievoliscono la vitalità delle virtù teologali — fede, speranza e carità — e arrestano il processo di acquisizione della *forma Christi.* È giustamente perché c'è il rischio di non andare avanti nella vita spirituale, ma di soffermarsi, di smarrirsi per l'intaccamento dei sensi e dello spirito o anche per l'esacerbarsi degli appetiti, per la chiusura in se stessi o perché si sono stabiliti rapporti non con il Dio vero, ma con i surrogati creati dall'uomo. Si richiede quindi dalla persona adulta di sostenere un continuo processo di purificazione perché «chi non va avanti torna indietro e chi non cammina guadagnando cammina perdendo» [Cf. 1S 11,5].

San Giovanni della Croce «disseziona» con precisione l'«anima umana» e ne svela i meccanismi che l'ammalano. Nel libro 1°. *Salita*, capitolo 13 indica i mezzi per guarirla: 1°. Indirizzare la forza dei vari appetiti disordinati verso un unico oggetto: quello dell'imitazione di Cristo in ogni sua azione [Cf. 1S 3]; 2°. Vivere una serrata sobrietà nell'uso dei sensi esterni per amore di Cristo [Cf. 1S 4]; 3°. Contrastare le passioni tramite il desiderio di nudità, privazioni e povertà,

---

[171] R. RUBINO, *Terapeutica dell'affettività – Lettura antropologica-spirituale del dittico Salita-Notte di San Giovanni della Croce*, 176-179.

sempre per amore di Cristo, al fine di tendere alla libertà [Cf. 1S 5-6]; 4°. Esercitarsi nella mortificazione della concupiscenza [Cf. 1S 9]; 5°. Tendere al nulla per ritrovare il tutto [Cf. 1S 11].

I criteri della pedagogia e psicologia odierna, applicati al vissuto spirituale, indicano la «formazione permanente» come un elemento in più del processo di appropriazione della *forma Christi* e mezzo per prevenire e affrontare le crisi. La necessità di una formazione permanente, a nostro avviso, traduce per il nostro tempo l'esigenza di continua purificazione, motivata dall'amore a Cristo, dell'apparato umano e spirituale dell'uomo. Ciò non vuol dire distacco dal mondo, mediante l'abnegazione e l'esercizio delle virtù, con lo scoppo di raggiungere la perfezione interiore, ma si tratta piuttosto di acquisire una competenza che favorisca la riscoperta dell'identità di consacrato, del processo di evoluzione umana e dell'approfondimento della crescita psico-affettiva-spirituale[172].

Il percorso che abbiamo tratteggiato ha evidenziato che la fede è impastata dall'umano giacché essa nel suo sviluppo si incrocia con le vicende vissute dall'uomo, dalla nascita fino alla fine della vita. Comunque, per noi cattolici, la fede segna anche l'inizio della vita cristiana nel battesimo e si esprime, particolarmente nella fase adulta della vita, nell'impegno libero e cosciente di adattarsi al Divino che in Gesù Cristo ci viene incontro. A nostro avviso, un tale impegno può essere sistemato in termini pedagogici e abbiamo fatto ciò prendendo ispirazione dall'apostolo Paolo e dal Magistero di Papa Francesco che rispettivamente, ci offrono le indicazioni pastorali e i contenuti per abbozzare una proposta di crescita in Cristo, che abbiamo denominato *pedagogia della misericordia.* Quanto ai suoi tratti generali essa risulta essere unificatrice della persona e della sua realtà; promotrice della *sequela Christi* e del discernimento; animatrice dalla crescita umana e spirituale. Volendo approfondire la nostra proposta, abbiamo palesato lo sviluppo umano e spirituale dell'uomo fino a che diventa adulto in Cristo e ciò è proprio il suo oggettivo; abbiamo indicato come

[172] G. CREA, *Tonache ferite – Forme del disagio nella vita religiosa e sacerdotale*, 209-220.

suoi connotati la virtù teologale dalla speranza e la misericordia divina; stabilito il quotidiano come il tempo in cui accade tale azione formativa e, alla fine, prospettato i risultati della sua concreta applicazione, che è vivere come discepolo di Cristo nello spirito delle beatitudini evangeliche.

Riflettere su come si può vivere in modo concreto la fede è compito del teologo, dato che la fede include in se stessa la prassi cristiana [Cf. Gm 2,14]. Si spera che la riflessione teologica — *fides quaerens intellectus* — non trascuri l'agire della comunità ecclesiale e il coinvolgimento del soggetto che l'elabora, poiché l'impegno verso la missione è una delle note distintive della spiritualità teologica[173] e fare teologia, e farla da cattolico, significa parlare di Dio ed assumere, sul piano umano e intellettuale, la responsabilità di questo discorso[174]. Pertanto, in questa ricerca, non poteva mancare lo sforzo di abbozzare una proposta pastorale, indirizzata agli uomini del nostro tempo, su come si possa tradurre nella propria quotidianità gli insegnamenti di Cristo. Ecco perché abbiamo concluso la nostra ricerca soffermandoci sul discorso delle Beatitudini Evangeliche [Cf. Mt 5,1-12], rimanendo però sulle orme di Papa Francesco, che ritiene che esse siano la risposta più adeguata alla domanda di «come/*quomodo*» seguire Gesù nel nostro tempo [Cf. *E.G.,* 63]; confermano anche la nozione di «script della fede» teorizzato da J. Fowler: insieme di orientamenti che danno senso e determinano l'agire dell'uomo.

Lo sviluppo dell'uomo si palesa nel tempo e ciò comporta un lungo cammino di apprendistato, di formazione permanente, sulla base di capacità che vanno maturando a partire dei fattori biologici e psichici e della gestione delle crisi che succedono in tale percorso. La fede nel Dio Uno e Trino Cristo, diventata vissuto cristiano, trascende l'orizzonte prettamente umano, intersoggettivo e sociale, sprona l'individuo a perfezionare la propria umanità e i rapporti con Signore Gesù. Avviene dunque il passaggio dalla maturità etica, cui si può

[173] COMMISSIONE TEOLOGICA INTERNAZIONALE, *La teologia oggi: prospettive, principi e criteri*, 93.
[174] WALTER KASPER, *Fede e Historia*, 97.

arrivare prescindendo della fede, alla santità dell'umanità in Dio, che diventa possibile soltanto se l'uomo riesce a vivere ciò che il proprio Dio gli chiede, cioè gli «script» offerti della fede, di cui le Sacre Scritture sono compendio e così, superate le crisi, generare continuamente e gradualmente l'uomo nuovo in Cristo.

BIBLIOGRAFIA

1. FONTI

1.1 PRINCIPALI

LA BIBBIA – Testo integrale CEI con note e illustrazioni. Realizzazione di Pietro Vanetti S.I, Casale Monferrato (Al),1988.

CRUZ, S. G. DELLA., *Salita del Monte Carmelo, in* MARIA, F. DI S., *Opere,* Roma, 2007.

________________, *Notte Oscura, in* MARIA, F. DI S., *Opere,* Roma, 2007.

FRANCESCO Papa, *Esortazione apostolica Gaudete et Exsultate – Sulla chiamata alla santità nel mondo contemporaneo,* Città del Vaticano, 2018.

FOWLER, J.W., *Stages of Faith. The Psychology of Human Development and the Quest for Meaning*, Harper, San Francisco - New York 1981.

____________,. *Estágios da Fé: A Psicologia do Desenvolvimento Humano e a Busca do Sentido*, São Leopoldo, 1992.

1.2 SECONDARIE

CATECHISMO DELLA CHIESA CATTOLICA – COMPENDIO, Città del Vaticano, 2005.

CONCILIO VATICANO II - Enchiridion Vaticanum, Documenti del Concilio Vaticano II (1062-1965), Testo ufficiale e versione italiana. Bologna, 1993.

- *Gaudium et Spes*
- *Lumen Gentium*

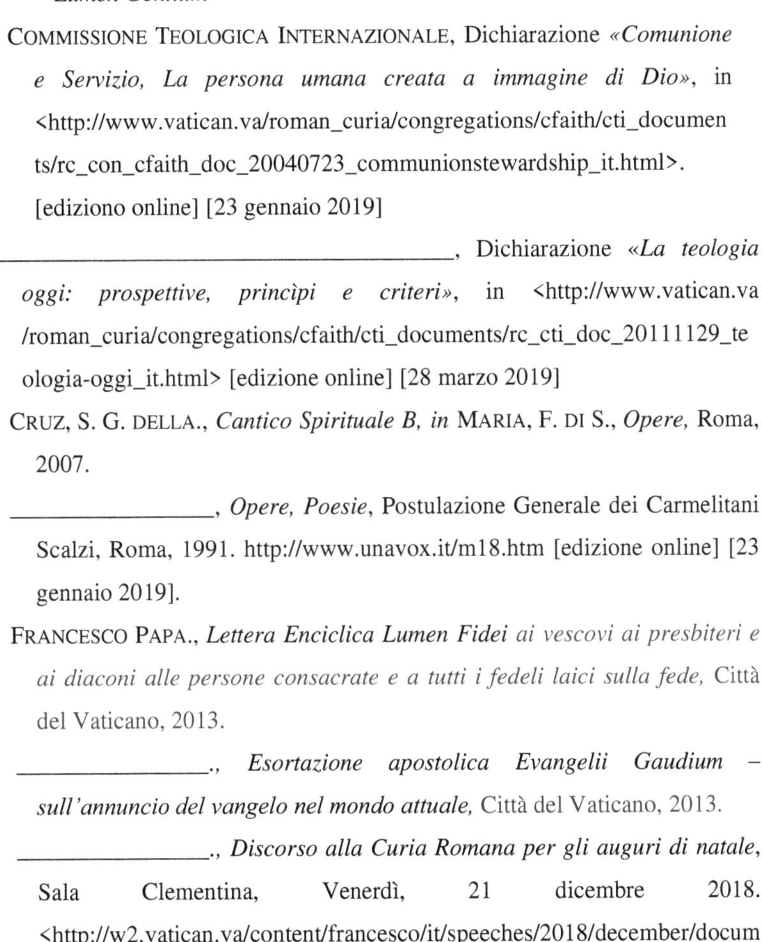

COMMISSIONE TEOLOGICA INTERNAZIONALE, Dichiarazione *«Comunione e Servizio, La persona umana creata a immagine di Dio»*, in <http://www.vatican.va/roman_curia/congregations/cfaith/cti_documents/rc_con_cfaith_doc_20040723_communionstewardship_it.html>. [edizione online] [23 gennaio 2019]

________________________________, Dichiarazione *«La teologia oggi: prospettive, princìpi e criteri»*, in <http://www.vatican.va/roman_curia/congregations/cfaith/cti_documents/rc_cti_doc_20111129_teologia-oggi_it.html> [edizione online] [28 marzo 2019]

CRUZ, S. G. DELLA., *Cantico Spirituale B, in* MARIA, F. DI S., *Opere,* Roma, 2007.

______________, *Opere, Poesie*, Postulazione Generale dei Carmelitani Scalzi, Roma, 1991. http://www.unavox.it/m18.htm [edizione online] [23 gennaio 2019].

FRANCESCO PAPA., *Lettera Enciclica Lumen Fidei ai vescovi ai presbiteri e ai diaconi alle persone consacrate e a tutti i fedeli laici sulla fede,* Città del Vaticano, 2013.

______________., *Esortazione apostolica Evangelii Gaudium – sull'annuncio del vangelo nel mondo attuale,* Città del Vaticano, 2013.

______________., *Discorso alla Curia Romana per gli auguri di natale,* Sala Clementina, Venerdì, 21 dicembre 2018. <http://w2.vatican.va/content/francesco/it/speeches/2018/december/docum

ents/papa-francesco_20181221_curia-romana.html> [edizione online] [23 gennaio 2019]. [edizione online] [23 gennaio 2019].

_______________., *Presentazione degli auguri natalizi della Curia Romana* – Lunedì, 22 dicembre 2014 <http://w2.vatican.va/content/francesco/ it/speeches/ 2014/december/documents/papa-frances_20141222_curia-romana.html> [edizione online] [23 gennaio 2019].

_______________., *Discorso alla comunità della Pontificia Università Gregoriana*, Giovedì 10 Aprile 2014. <https://w2.vatican.va/content /francesco/it/speeches/2014/april/documents/papa-francesco_20140410_ universita-consortium-gregorianum.html> [edizione online] [23 gennaio 2019].

_______________., *Discorso ai missionari della misericordia*, Martedì, 10 aprile2018.ttps://w2.vatican.va/content/francesco/it/speeches/2018/april/ documents/papa-francesco_20180410_missionari-misericordia.html> [edizione online] [23 gennaio 2019].

_______________., *Udienza Generale*, Mercoledì, 13 gennaio 2016, <https://w2.vatican.va/content/francesco/it/audiences/2016/documents/pap a-francesco_20160113_udienza -generale.html> [edizione online] [23 gennaio 2019].

GIOVANNI PAOLO II., *Lettera Apostolica «Maestro della Fede»*, <https://w2.vatican.va/content/john-paul-ii/it/apost_letters/1990/ documents/hf_ jp-ii_apl_19901214_juan-de -la-cruz.html> [edizione online] [23 gennaio 2019].

PAOLO VI., *Udienza Generale, Mercoledì, 9 aprile 1969,* <https://w2.vatican.va/content/paulvi/it/audiences/1969/documents/hf_p-vi_ aud_19690409.html> [edizione online] [23 gennaio 2019].

2. STUDI

ABRAMO, H., «Identidades juvenis: estudo, trabalho e conjugalidade em trajetórias reversíveis», 19-20, in DIÓGENES P.,-RIBEIRO E.,- VENTURI G.,- NOVAES, R., ed., *Agenda Juventude Brasil, leituras sobre uma década de mudanças.* organizaDorES Rio de Janeiro, 2017. <http://polis.org.br/wp-content/uploads/AGENDA JuventudeBrasil.pdf > [edizione online] [23 gennaio 2019].

ALMEIDA R. DE.,-MONTEIRO, P., *«Trânsito Religioso no Brasil»,* <http://www.scielo.br/scielo.php?script=sci_arttext&pid=S010288392001000300012> [edizione online] [23 gennaio 2019].

ALBERICH E.,-A. BINZ., *Adulti e catechesi. Elementi di metodologia catechistica dell'età adulta*, Torino, 1993.

ALVAREZ T., «Teresa habla de Fray Juan», *in* RUIZ F.-PACHO E., ed., *Experiencia y pensamiento en San Juan de la Cruz,* Madrid, 1990.

ANCILI, E., *Temi di Antropologia Teologica*, Roma, 1981.

BALTHASAR, H. U., *Sorelle nello spirito. Teresa di Lisieux e Elisabetta di Digione,* Milano, Jaca Book, 1974.

________________, *La verità è sinfonica,* Milano, 1991.

BALUGANI, L., «Gli stadi di sviluppo della Fede secondo James W. Fowler», *in* Tredimensioni 13, 2016, 244-559.

BALDACCI, M., «La realtà educativa e la ricerca-azione in pedagogia», 388-390 in http://www.ledonline.it/index.php/ECPS-Journal/article/viewFile /703/576 [edizione online] [3 marzo 2019].

BARTOLINI, E., «Dio e l'uomo si incontrano nel tempo», in Rivista di Pastorale Liturgica, 256, Maggio-Giugno, 3/2006

BAUMAN Z.- LYON D., *Sesto potere: la sorveglianza nella modernità liquida,* Roma-Bari, 2015.

BERNARD, C. A., *Teologia spirituale*, Roma, 2002.

BORRIELLO, L., *Struttura e fisionomia dell'uomo spirituale*, Roma.

BRAMBILLA, F.G., *Antropologia Teologica,* Brescia, 2014.

BRUZZONE, D., *Auto trascendenza e formazione – Esperienza esistenziale, prospettive pedagogiche e sollecitazioni educative nel pensiero di Viktor E. Frankl,* Milano, 2001.

BUCHER, A.A., «Fasi dello sviluppo religioso secondo James W. Fowler e F. Oser - Panorama comparativo e critico» *in Orientamenti Pedagogici* 36,1989,1090-112.

CANTALAMESSA, R., *Le beatitudini evangeliche – Otto gradini verso la felicità,* Cinisello Balsano (MI), 2008.

CATALAN, J-F., *Esperienza spirituale e psicologia*, Cinisello Balsamo (Mi), 1994.

CENCINI, A., *L'ora di Dio – La crisi nella vita credente,* Bologna, 2010.

CHECA, R., *La pastorale della spiritualità cristiana,* Città del Vaticano, 1988.

CLEMENTE ALESSANDRINO, «Il pedagogo», <http://webcache. googleusercontent.com/search?q=cache:dwswJBeRePkJ:www.documentacath olicaomnia.eu/03d/01500207,_Clemens_Alexandrinus,_Protretico,_IT.doc+& cd=1&hl=it&ct=clnk&gl=it> [edizione online] [23 gennaio 2019].

CREA, G., *Pedofilia e prete – Dal trauma degli abusi al bisogno di rinnovamento*, Bologna, 2010;

________, *Le malattie della fede – Patologia religiosa e strutture pastorali,* Bologna, 2014;

________, *Tonache ferite – Forme di disagio nella vita religiosa e sacerdotale,* Bologna, 2015;

________, *Preti e suore oggi – Come riconoscere e prevenire i problemi,* Bologna, 2012.

CODA, P., *La percezione della forma – Fenomenologia e cristologia in Hegel*, Roma, 2007.

D'AMATO, M., «Nasce sulla spalle di Peter Pan la nuova industria dei sentimenti», *in* "Telèma", 24, 2001, p. 1-5. <htpp://www. fub.it/ telema/TELEMA24/ Damato24. html>. [edizione online] [23 gennaio 2019].

DAL MASO, M., *Pensare Dio dopo Auschwitz? il pensiero ebraico di fronte alla Shoah*, Padova, 2007.

DEMETRIO, D., *L'età adulta – Teoria dell'identità e pedagogie dello sviluppo*, Roma, 1990.

DELL'AGLI, N., «Tra finitudine e intelligenza relazionale», in ROMANO R. G., ed., *Ciclo di Vita e dinamiche educative nella società postmoderna*, Milano, 2017.

DIANA, M., *Ciclo di vita ed esperienza religiosa – Aspetti psicologici e psicodinamici,* Bologna, 2004.

DI MURO., R., «La teologia spirituale, tra dato teologico ed esperienza», *in* Teresianum, 65, 2014, 19-28.

EGIDO, T., «Contexto historico» *in* RUIZ F.-PACHO E., ed., *Experiencia y pensamiento en san Juan de la Cruz,* Madrid, 1990.

________, «Claves Históricas», *in* ROS S, ed., *Introducción a la lectura de san Juan de la Cruz,* Salamanca, 1991.

EVDOKIMOV, P., *Le età della vita spirituale,* Bologna, 2009.

FEUERBACH, L., *L'essenza del cristianesimo*, Milano, 1975.

FOWLER, J.W., . *Diventare adulti. Diventare cristiani.*, a cura di R. GABBIADINI e M.T. MOSCATO, Milano, 2017.

________________, «Teologia e psicologia nello studio dello sviluppo della fede» *in Concilium* 2, 1982, 153-159

GARCIA, J.M., *Teologia spirituale – Epistemologia e interdisciplinarità,* Roma, 2013.

GAITAN, J.D., *«Subida del Monte Carmelo», in* S. R. GARCÍA., ed., *Introducción a la lectura de San Juan de la Cruz,* Salamanca, 1991.

__________., «La fe que escala y penetra hasta lo profondo de Dios en el libro Subida del Monte Carmelo», *in* Fco. FERMÍN J. S.- LONDOÑO, R. C. ed., *Subida del Monte Carmelo de San Juan de la Cruz – Actas del I Congresso Mundial Sanjuanista,* Burgos, 2018.

GIOIA. M., *Teologia spirituale: temi e problema,* Roma, 1991.

GRILLI, M., *Il discorso della montagna – Utopia o prassi quotidiana?* Bologna, 2016.

GONZALEZ, L. J., *Pedagogia della Santità*, Città del Vaticano, 2003.

GUARDINI, R., *Le età della vita,* Milano, 1992. «Le età della vita» di Romano Guardini, *in* <http://www.notedi pastoralegiovanile.it/index.php?option= com_content&view=article&id=8254:lle-eta-della-vitar-di-romano-guardini&catid=106:famiglia-ed-educazione&Itemid=173> [edizione online] [23 gennaio 2019].

HELEWA, G., «Aspetti di antropologia Paolina», *in* ANCILLI, E., *Temi di antropologia teologica*, Roma, 1981.

HINTERSTEINER, N., «Tappe della vita di fronte alla cultura globalizzata», *in Concilium,* 5, 2007, 48-61. <http://www.notedipastoralegiovanile.it/ index.php?option=comcontent&view=article&id=8267:le-teorie-sulle-tappe-della-vita-di-fronte-alla-culturaglobalizzata&catid=106:famiglia-ed-educazione&Itemid=173> [edizione online] [23 gennaio 2019].

HÜNERMAN, P., *Uomini secondo Cristo oggi — L'antropologia di Papa Francesco*, Città del Vaticano, 2019.

IGIRUKWAYO, I., «Oggetto della crescita spirituale: La trasformazione», in *Processo di trasformazione spirituale in Cristo* – SP 1024 –, Pontificio Istituto di Spiritualità — TERESIANUM, [dispensa *«ad usum studentorum»*], Roma, 2017-2018.

IMODA, F., *Sviluppo Umano, psicologia e mistero,* Bologna, 2005.

KASPER, W., *Fede e Storia,* Brescia, 1993.

LAGASCHE, D., (ed.), *Diccionario de Psicoanalisis,* Barcelona, 1993.

LEBRA, A., «*"Gaudete et exsultate": ripensare la santità*», in Settimana News. <http://www.settimananews.it/spiritualita/gaudete-et-exsultate-ripensare-la-santita/> [edizione online] [23 febbraio 2019].

LIONE I. di., *Contro le eresie/2,* Roma, 2009.

LYOTARD, J.-F., *La condizione postmoderna. Rapporto sul sapere*, Milano, 1981.

MANENTI, A.,-BRESCIANI, C., *Psicologia e sviluppo morale della persona*, Bologna, 1992.

MARCOS, J. A., *Un viaje a la libertad San Juan de la Cruz (La experiencia mística en metáforas cotidianas)*, Madrid 2003.

MASO, M. DAL., *Pensare Dio dopo Auschwitz? Il pensiero ebraico di fronte alla Shoah*, Padova, 2007.

MEUCCI, G. A, *Le false immagini di Dio, in* <http://www.notedipastorale giovanile.it/index.php?option=com_content&view=article&id=8979%3Ale-false-immagini-didio&catid=478%3Amodernitae-fede&Itemid=336> [edizione online] [23 gennaio 2019].

MONDIN, B., *Gesù Cristo salvatore dell'uomo: cristologia storica e sistematica – Cristologia storica e sistematica,* Bologna, 1993.

MORICONI, B., *Juan de la Cruz, il prigioniero di Toledo. Juan de la Cruz poeta di Dio*, Roma, 2018.

____________, «Genesi della Teologia Spirituale», in *Introduzione alla teologia spirituale* – SP 1010 –, Pontificio Istituto di Spiritualità — TERESIANUM, [dispensa *«ad usum studentorum»*], Rona, 2017-2018.

MUNARI, A., «L'evanescente cresciuto», *in Adultità,* citato in R. G. Romano (a cura di), *Ciclo di Vita e dinamiche educative nella società postmoderna*, Milano, 2017.

NOUWEN, H. J.M., *Il discernimento – Leggere i segni della vita quotidiana,* Brescia, 2014.

MACHADO, A., *Poema XXIX de Provérbios y Cantares*, <https://www.poemas-del alma.com/antonio-machado-caminante-no-hay-camino.htm> Tradotto in italiano da PRETE, A., <https://www.doppiozero.com/materiali/antonio-machado-viandante-non-ce-cammino>. [edizione online] [23 gennaio 2019].

MARTÍN, D. G., *San Juan de la Cruz – Su personalidad psicológica,* Madrid, 1990.

MARCOS, J.A., *Un viaje a la libertad San Juan de la Cruz – La experiencia mística en métaforas cotidianas,* Madrid, 2003.

MATTEO, A., *La prima generazione incredula. Il difficile rapporto tra i giovani e fede,* Soveria Manelli, 2010.

__________, *Come forestieri. Perché il cristianesimo è diventato estraneo agli uomini e alle donne del nostro tempo*, Rubbettino, 2008

__________, *Presenza Infranta. Il disagio postmoderno del cristianesimo,* Assisi, 2008.

MEYNET, R., «Quelle rhétorique dans l'Épître aux Galates? Le cas de Ga 4,12-20» <https://www.researchgate.net/publication/249983615_Quelle_rhtorique_dans_I'ptre_aux_Galates_Le_cas_de_Ga_412-20> [edizione online] [23 gennaio 2019].

NIETZSCHE, F., *Ecce Homo/Perchè sono una fatalità,* <https://it.wikisource.org/wiki/Ecce_Homo/Perchè_sono_una_fatalità> [edizione online] [23 gennaio 2019].

ORTEGA Y GASSET, J., *Meditaciones del Quijote,* <https://mercaba.org/SANLUIS/Filosofia/autores/Contemporánea/Ortega%20y%20Gasset/Meditaciones%20del%20Quijote.pdf> [edizione online] [23 gennaio 2019].

OSER, Fr.,-GMÜNDER P., *El hombre. Estadios de su desarrollo religioso: una aproximación desde el estructuralismo genético*, Barcelona, 1998.

PACHO, E., *Temi fondamentali in San Giovanni della Croce,* Roma, 1984.

________, «Cronologia Sanjuanista» *in* ROS GARCIA, S., ed., *Introducción a la lectura de san Juan de la Cruz,* Salamanca, 1991.

PASQUETTO, V., *L'uomo raccontato dalla bibbia*, Città del Vaticano, 2017.

PÈGUY, C., *I misteri: il mistero della carità di Giovanna d'Arco, il portico del mistero della seconda virtù, il mistero dei santi innocenti, il mistero della vocazione di Giovanna d'Arco,* Milano, 1977.

PIZZO, A., recensione a Monica Dal Maso, *Pensare Dio dopo Auschwitz? Il pensiero ebraico di fronte alla Shoah, in Dialegesthai, Rivista telematica di filosofia, in* <https://mondodomani.org/dialegesthai/>. [edizione online] [23 gennaio 2019].

PUTTINI, F., *Introduzione alla lettura degli scritti di S. Giovanni della Croce*, Roma, Edizioni 1987.

REMOTI., F., *Contro identità*, 2016, Roma.

__________, *Contro Natura*, 2010, Roma.

RIZZUTO, A. M., *La nascita del Dio vivente: studio psicoanalitico*, Roma, 1994

ROMANO, R. G., (a cura di), *«Ciclo di vita e dinamiche educative nella società postmoderna»,* FrancoAngeli, Milano, 2004.

ROSSI, G., *Appunti sul Capitolo 4, in* <https://www.germanorossi.it/mi/file/psdr/Appunti-Capitolo_04.pdf> [edizione online] [23 gennaio 2019].

RODRÍGUEZ, F. P., *"Una aproximación a la antropología en la mistica sanjuanista",* Discurso apertura curso académico, Real Academia de Medicina y Cirurgía del distrito de Granada, Granada, 1995.

RUBINO, R. G., *Terapeutica dell'affettività: lettura antropologico-spirituale del dittico "salita-notte" di San Giovanni della Croce*, Assisi, Cittadella, 2007.

RUPNIK, M. I., *Secondo lo Spirito – La teologia spirituale in cammino con la chiesa di papa Francesco*, Città del Vaticano, 2019.

SALVADOR, F. R., *«Exploraciones en antropologia sanjuanista»,* in Teresianum – Ephemerides Carmelitane, Anno XXXIV, Fasc. I. PP. 209-229.

_______________, *San Giovanni della Croce, Il santo, gli scritti, il sistema,* Roma.

_______________, *San Giovanni della Croce: mistico e maestro*, Bologna, 1989.

_______________, «Sintesis Doctrinal» in ROS S., ed., *Introducción a la lectura de san Juan de la Cruz,* Salamanca, 1991.

SAND, A., *«ἄνθρωπος»*, in SCHNEIDER, G., – BALZ, H,. – RUIZ-GARRIDO, C., *Diccionario Exegético del Nuevo Testamento. I, A-K*, Salamanca, 1996.

SHAKESPEARE, W., *La tragedia di Amleto, principe di Danimarca* <https://digilander.libero.it/AlbyDepp/Testi%20Teatrali/Amleto.pdf> [edizione online] [23 gennaio 2019].

SICARI, A. M., *«Divino cantico» di San Giovanni della Croce*, Milano, 2011

SCHOCKENHOFF, E., *Il discorso della montagna – Appello a essere cristiani,* Brescia, 2017.

SCHWEITZER, F., *«Adolescenza: alla ricerca di un fede personale»*, in *Concilium*, 5, 2007, 103-113.

SORRENTINO, D., *L'esperienza di Dio: disegno di teologia spirituale*, Assisi, 2007.

STEGGINK, O., *«Observancia y descalcez carmelitana»,* in O. STEGGINK, ed., Juan de la Cruz espíritu de llama: estudio con ocasión del cuarto centenario de su muerte (1591-1991), Roma, 1991.

TERTULLIANO, *Apologetico,* <http://www.tertullian.org/italian/ apologeticum.htm> [edizione online] [3 marzo 2019].

THEOBALD, C., *Il cristianesimo come stile – Um modo di fare teologia,* Vol. 2, Bologna, 2009.

____________, *Lo Stile della vita cristiana*, Magnano (BI), 2015.

TILLICH, O., *Dinamica della fede. Religione e morale*, Roma, 1967.

TOMMASI, R., «L'ascolto della realtà e la questione del metodo in teologia pastorale. Un contrappunto filosofico», in Orientamenti Pastorali 8(2007), in partic. pp. 22-38.

URBINA, F., *Comentario a Noche oscura del espíritu y Subida al monte Carmelo, de San Juan de la Cruz,* Madrid, 2013.

VV.AA., *Psichiatria - Manuale di scienza del comportamento e psichiatria clinica*, Edizione italiana a cura di Adriano Chiò, Torino, 1998.

VOS, C. W. DE., «Pienamente umano, totalmente divino: James Fowler ed Evelyne Underhill», http://integrazioneposturale.com/pienamente-umano-totalmente-divino-james-fowler-ed-evelyne-underhill/ [edizione online] [23 gennaio 2019].

WAAIJMAN, K., *La spiritualità: forme, fondamenti, metodi*, Brescia, 2007.

WHELAN, G., «Il metodo teologico di Papa Francesco», 114-117 in Micheline Tenace (ed), *Dal chiodo alla chiave – La teologia fondamentale di Papa Francesco*, Città del Vaticano, 2019.

ZANI A.V., «Educazione secondo papa Francesco. Una visione globale» in E. DIACO, ed., *L'educazione secondo papa Francesco,* Bologna, 2018.

INDICE

Printed by Books on Demand GmbH, Norderstedt / Germany